T r a n s p a r e n z g e s e l l s c h a f t

透明社会

ビョンチョル・ハン
守 博紀 訳

花伝社

透明社会◆目次

【凡例】

・本書は、Byung-Chul Han, *Transparenzgesellschaft*, Berlin: Matthes & Seitz, 2012 の全訳である。

・訳文中の〔 〕は、訳者による補足・注記である。訳文中に原語を併記するばあいも〔 〕を用いる。これに対して、訳文中の（ ）は原文に由来する。また、原文での引用符» «および› ‹は、訳文中では「 」とした。さらに、特定の語句を強調する目的で〈 〉を、複数の訳語を併記する目的で［ ］を使うばあいがある。

・原文でのイタリック体は訳文では**ゴシックボールド体**にした（ドイツ語以外の語句がイタリック体になっている箇所は除く）。

・引用されている文献については、日本語訳があるものは可能なかぎり対応箇所を指示した。ただし、原文で参照される文脈を考慮して訳文を変更したばあいがある。

・原文では段落が変わるごとに一行空きがあり、また段落冒頭に字下げもされていない。訳文でもこの体裁にならった。

私は、他人が私について知らないことがあるおかげで生きている。

ペーター・ハントケ[1]

肯定社会

透明性〔Transparenz〕という言葉ほど、こんにち公の場でなされる議論を支配しているキーワードはほかにない。透明性はとりわけ情報公開が問題になるような文脈で声高に呼び求められる。透明性を高めよ、という要求は〔情報公開の文脈に限らず〕いたるところで掲げられており、その要求は透明性を物神化してあらゆる場面にもちこむまでに激しくなっている。この透明性の要求は、政治や経済の領域に限らないパラダイム転換に由来する。否定性を含んだ社会はこんにちでは消え去り、肯定性のために否定性がつぎからつぎへと撤去されていく社会に取って代わられている。こうして、透明社会はまず**肯定社会**として姿を現す。

事物があらゆる否定性を払い落とし、**なめらかにされ平らに均されて**、資本とコミュニケーションと情報のなめらかな流れのなかに無抵抗に組み込まれると、その事物は透明になる。行為が**定められた手順にのっとったもの**になり、計算や操作や管理が可能なプロセスに従属すると、そうした行為は透明になる。時間が平らに均されて、いま自由に使うことのできる現在の連なりにすぎなくなってしまうと、そのような時間は透明になる。そのようにして、未来もまた、現在を特定の目的のために最適化した状態へと実定《ポジティブ》［肯定］化される。透明な時間とは、運命も出来事もない時間である。図像［イメージ］から劇作術《ドラマトゥルギー》や振付《コレオグラフィ》や舞台美術《セノグラフィ》がすべて取り除かれ、(1)あらゆる解釈学的な深さが、それどころか意味が取り除かれて、図像がポルノグラフィになるとき、そうした図像は透明になる。ポルノグラフィとは図像と目の直接的な**接触**である。事物がその特異性を捨て去り全面的に値段というかたちで表示されるとき、事物は透明になる。あらゆるものをあらゆるものと**等しい**ものにする［=比較可能にする ver*gleich*bar machen］貨幣は、事物の通訳不可能性を、特異性をすべて撤去する。透明社会は**同じものの地獄**(2)である。

透明性をもっぱら汚職や情報公開と関連づけて考えると、その射程を見誤ってしまう。透明性はあらゆる社会的事象をとらえて深刻な変化にさらす**システムそのものに内在する**強制である。社会のシステムはこんにち、そのシステムのなかで遂行されるあらゆるプロセスを定められた手順にのっとって加速させるために、そうしたプロセスを透明性の強制にさらす。加速せよという圧力は否定性の解体を伴う。コミュニケーションが最大速度に達するのは、同じものが同じものに応答するときであり、つまりは**同じものの連鎖反応**が生じるときである。**他なるもののありかたや異なるもののありかた**が帯びる否定性、あるいは**他なるもの**の抵抗するありかたは、同じもののあいだで生じるなめらかなコミュニケーションを乱して遅らせる。透明性は、他なるものや異なるものを排除することによって、システムを安定させ加速させる。このシステムそのものに内在する強制ゆえに、透明社会は、**同じもので**画一化《グライヒシャルテン》された社会になる。この点に、透明社会の全体主義的な特徴がある。「強制的同一化《グライヒシャルトゥング》を言い表す新しい言葉——**透明**」[2(3)]。

透明な言語とは形式的な言語であり、それどころか純粋に機械的で定められた手順にのっとって用いられる言語であって、そうした言語にはいかなるアンビヴァレンツも[4]ない。すでにフンボルトが、人間の言語には根本的な不透明性が内在しているということを指摘している。「同じ語であっても、だれひとりとしてその語でほかの人とまったく同じことを考えることはないし、語義の理解のどんなに小さな違いでも、その違いは、水面の丸い波紋のように、言語全体に小刻みに伝播してゆくものである。それゆえ、あらゆる理解はつねに非理解であり、思考や感情の一致というのもすべて同時に分裂拡散なのである」[3]。世界がもっぱらさまざまな情報だけから成立し、世界が邪魔されずに循環することをコミュニケーションと言うのであれば、そうした世界は機械に等しいだろう。肯定社会は「もはやいかなる出来事も存在しない構造のなかで生じる情報の透明性と猥褻さ」[4]で支配されている。透明性を高めよという強制は、人間そのものを、あるシステムのなかで機能を果たすひとつの要素へと平準化する。透明性がはらむ暴力はこの点にある。

人間の魂は明らかに、他者の視線にさらされることなく**みずからのもとに**あることのできる領域を必要としている。人間の魂には透かし見ることのできない部分がある。

全体をくまなく照らそうとするならば、人間の魂は**焼き尽くされ**、ある特別な**魂の燃え尽き**《バーンアウト》がもたらされることになるだろう。透明なのは機械だけだ。自発的であること、出来事のように生じること、自由であること、といった生一般の本質をなすありかたは、透明性をまったく許容しない。それゆえ、ヴィルヘルム・フォン・フンボルトも言語についてつぎのように書いている。「人間の内には、過去の状況を悟性がいくら考量してみても、けっしてその根拠を見出しえないものが〔…〕生じてくることがありうる〔…〕。そして、万一、こういう説明のつかない現象がありうるという可能性を、言語から閉め出してしまおうなどと思ったりすれば、それこそ、我々は〔…〕言語の成立、および、その後の変化についての歴史的真理を傷つけてしまうことになるであろう[5]」。

「ポスト・プライバシー」のイデオロギーも素朴である。(5) ポスト・プライバシーのイデオロギーは、透明性の名を掲げて、プライバシーの領域を全面的に放棄することを要求する。プライバシーの領域を放棄すれば見通しのよいコミュニケーションが結果としてもたらされるのだとされる。このイデオロギーも同じくいくつかの誤りにひっかかっている。〔まず、〕人間は**自分自身にとってすら**透明では**ない**。フロイトによれば、自我はまさしく、無意識が際限なく是認し欲望するものを否認する。(6)「エス」は自我にとってはほとんど完全に隠されたままである。それゆえ、人間の心には、自我を自我自身と一致させないある**裂け目**が通っている。この根本的な裂け目ゆえに、自分自身が自分自身にとって透明であるなどということは不可能なのである。〔さらに〕人間が二人いればその二人のあいだにも裂け目が開いている。それゆえ、個人間の透明性を確立することは不可能である。それは望ましいものでさえない。他者の透明性が欠けているというまさにそのことが、関係を生き生きとしたものに保つのである。ゲオルク・ジンメルはつぎのように書いている。「他人のことを完全に知り尽くしたりその心理を根掘り葉掘り汲み尽くしたりするというたんなる事実は、私たちを酔わせることさえなくその前に素面にさせ、生き生きとした関係を麻痺させる〔…〕。関係の実り豊かな深さは、なにが最後に打ち明けられようともその背後になお最後の最後に打ち明けられるものを予感させそれに敬意を表させるが〔…〕、このような深さは、かの繊細さと自制との報酬であるにすぎない。この繊細さと自制は、人間まるごとを包括するもっとも緊密な関係においてさえ、なお内的な私有物を尊重し、他人に質問する権利を他人が秘密をもつ権利によって制限する」[6]。透明性を高めよという強制にはまさにこの「繊細さ〔Zartheit〕」が欠けている。これが意味するのは、完全に排除することなどできない**他者性**への尊重という繊細さにほかならない。こんにちの社会をとらえている透明性のパトス〔情念〕を考えれば、**距離のパトス**〔情念〕[ア]を養うことが必要だろう。距離と羞恥は、資本や情報やコミュニケーションの加速した循環のなかに統合することができない。こうして、引きこもることができる内密の空間はすべて透明性の名のもとに排除される。そのような内密の空間はくまなく照らし出され搾取される。世界はそれによってより羞恥がなくなり、より剥き出しになる。

ひとりの人間の自律もまた、〔フンボルトの言う非理解の意味での〕他者を理解しない自由を前提としている。セネットはつぎのように述べている。「自律が意味しているのは、理解の平等、透明な平等ではない。自律とは、他者のなかにある自分には理解できないものを受け容れることを、すなわち不透明な平等を意味している」[7]。さらに言えば、透明な関係とは、**魅力的なところ**も**生き生きとしたところ**もまったく欠けている**死んだ関係**である。まったく透明なものは死んだものだけである。人間の現存在と共同存在[8]には、透明性の強制にしたがって規則通りにふるまうならば壊滅してしまう積極的で生産的な領域が存在するのであって、このことを認めるのが**新しい啓蒙**であろう。ニーチェもまたそのように書いている。「**新しい啓蒙**。〔…〕君が、いかなる無知のなかで人間と動物が生きているか、を洞察するだけでは十分ではない。君はさらにまた無知への意志をもち、それを習い覚えなければならない。この種の無知なしに生そのものは不可能であること、この種の無知は生命体がそのもとでのみ自己を保存し、繁殖する一条件であること、これを理解することが、君には必要である[8]」。

情報をより多く集めたからといって、必ずしもよりよい決定に辿り着けるわけではない、ということも明らかにされている。[9]たとえば、**直感**は手に入る範囲の情報を越えて直感固有の論理にしたがう。情報量がますます増大し、それどころか腫瘍のように増殖することによって、こんにちではより高次の判断能力が委縮している。知識と情報は、**より少ない**ときの方が**より大きい**効果をもたらすことが多い。いくつかの情報を欠落したり忘却したりするという**否定性**が生産的な効果をもたらすこともまれではない。透明社会は情報に空白があることも**視界に空白があること**も許容しない。しかし、思考もインスピレーションも**空虚**を必要とするのだ。ちなみに、幸福〔Glück〕という語は空白〔Lücke〕に由来する。中高ドイツ語〔一〇五〇年頃から一三五〇年頃にかけての高地ドイツ語〕では幸福はまだゲリュッケ〔gelücke〕と呼ばれていた。ということは、空白という否定性をもはやまったく認めないような社会とは、**幸福なき社会**であろう。視界に空白がない愛とはポルノグラフィである。また、知識に空白がなければ思考は計算に堕してしまう。

肯定社会は弁証法とも解釈学とも決別する。弁証法は否定性にもとづく。それゆえ、ヘーゲルの言う「精神」[9]は否定的なものに背を向けるのではなく、否定的なものに耐えて、自分自身のなかに否定的なものを保持する。否定性が「精神の生命」を養い育てるのだ。**自分自身のなかにある他者**は、〔みずからの内に〕**否定性を含む緊張**をもたらし、精神を生き生きとしたままに保つ。ヘーゲルによれば、精神が「力」であるのは、「精神が否定的なものに正面から向かいあって、否定的なもののもとにとどまる」[10]ときのみのことである。この**とどまること**は「否定的なものを存在へと転換する魔力」である。それに対して、テレビのチャンネルをつぎつぎと変えるように、肯定的なものをつぎつぎととっかえひっかえするだけの人には精神などない。精神は**遅い**。なぜなら、精神は否定的なもののもとにとどまり、その否定的なものを扱ってみずから労苦するからだ。透明性のシステムは加速するためにあらゆる否定性を撤廃する。否定的なもののもとにとどまるありかたは姿を消し、**肯定的なもののなかで暴走するありかた**に取って代わられてしまう。

肯定社会は否定的な感情もまったく許容しない。そうして人は、苦悩や苦痛とどのようにつきあい、それにどのような**形式**を与えるかということを忘れる。ニーチェにとって、人間の魂はまさしく否定的なもののもとにとどまることによって深く、大きく、強くなるものであった。人間の精神もまた**苦痛から生まれるもの**である、とニーチェは言う。「魂の強さを育成する、不幸にさいしてのあの魂の緊張、〔…〕不幸をになない、もちこたえ、解釈し、利用し尽くすさいの魂の創意と勇気、さらに、これまでただ深み、秘密、仮面、精神、狡智、偉大さなどによってのみ魂に贈られてきたもの——こういうものは苦悩のもとで、偉大な苦悩の訓練のもとで魂に贈られたのではなかったか?」[11]。肯定社会は人間の魂を完全に新しく組織しようとしている。人間の魂を実定《ポジティブ》［肯定］化する過程で愛もまた浅薄になり、気持ちいいという感情となんらの複雑さも帰結も伴わない興奮とが混ざりあわされたものになっている。そういうわけで、アラン・バディウは『愛の賞賛』のなかで出会い系サイトMeetic［二〇〇一年一一月に設立されたフランスのオンラインデートサービス］のスローガンを引き合いに出す。「恋に落ちなくても（sans tomber amoureux）恋愛することはできる!」、あるいは「苦しまずに恋愛することなんてとっても簡単!」[12]。愛は手なずけられて実定《ポジティブ》［肯定］化され、決まりきった消費と慰めの作法となる。傷つくことはどのようなものであれ避けるべきだというのだ。苦悩と情熱は否定性がとる姿かたちである。苦悩と情熱は一方では否定性を欠いた享楽に道を譲る。他方で、苦悩や情熱の代わりに現れるのは、疲弊、疲労、抑鬱といった、過剰な肯定性にその原因を帰することのできる心理的な障害である[10]。

［実証科学の理論とは異なる］強調した意味での理論もまた**否定するはたらきの現れ**である。理論とは、そこになにが含まれてなにが含まれないかを決定する**決断**である。

理論は、きわめて選択的な**物語**として、もともと道が通っていない森に道を切り拓くように**区別**という線を引く。こうした否定性ゆえに、理論は**暴力的**である。理論は「事物がおたがいに触れあうのを妨げ」、「混同したものをふたたび切り離すように運命づけられている」[13]。区別するという否定性がなければ、事物があらゆるところで異常増殖し雑多に交じりあうようになるのは避けられない。理論はこの点で、秘伝を授けられた者をそうでない者から分ける儀式と近い関係にある。こんにちでは**実証的**《ポジティブ》なデータや情報の集積がとてつもない量にまで膨れ上がっているのだから理論など余計なものになっているだとか、データを追跡すれば一定のモデルが示されるだとかいった想定は誤りである。否定性としての理論は実証的なデータや情報**より優位な**位置にあり、またモデルよりも優位な位置にある。データにもとづいた**実証科学**《ポジティブ》は、**理論の終焉**が本来の意味で目前に迫っているという事態をもたらした原因なのではなく、むしろ理論の終焉が迫っていることの帰結である[11]。理論を単純に実証科学で代替することはできない。実証科学には、なにが**ある**のか、あるいはなにが**あら**ねばならないのか、を決定する決断の否定性が欠けている。否定性としての理論によって、現実そのものがいつの日か突如として別のしかたで、別の光のもとで現れる。

政治とはひとつの**戦略的**行為である。この理由からしてすでに、政治には秘密の領域が含まれている。全面的な透明性は政治を麻痺させる。カール・シュミットはつぎのように述べる。「公開性の要請」は「あらゆる政治に秘密《アルカナ》、政治的・技術的な秘密はつきものだ、という考えかたを、その特有の敵対者としている。そのような秘密は、実際、絶対主義にとって、私的所有と競争にもとづく経済生活にとって企業と経営の秘密が必要であるのと同様に、必要なのである」[14]。秘密なしでやっていけるのは**シアトロクラシー**[12]としての政治だけである。そこでは政治的行為はたんなる演出に道を譲る。シュミットによれば、「[モーツァルトのオペラ《魔笛》の登場人物]パパゲーノの平土間」は秘所《アルカナ》を消滅させる。「一八世紀は依然としてこれほどまでの自信と、秘教的貴族的概念を主張する勇気をそなえていたのだ。もはやこのような気質をもたない社会においては、いかなる「秘所《アルカナ》」も存在せず、位階も秘密政策もありえず、そもそも一般的に政治というものも存在しえない。偉大な政治はすべて秘所に属するからである。現代では万事が舞台の前で（パパゲーノの平土間の前で）演じられている」[15]。したがって、秘密の終わりとは政治の終わりであろう。それゆえ、シュミットは政治にさらなる「秘密をもつ勇気」[16]を要求するのである。

透明性を売りにした政党である海賊党は、脱政治化とも言える**ポスト政治**への展開を続けている[13]。海賊党とは反政党であり、それどころか**色をもたないはじめての政党**である。透明性に色はない。透明なところでは、色はイデオロギーとしてではなく、イデオロギーから解放された**意見**としてのみ許容されている。意見はなんの影響も与えない。意見はイデオロギーのように徹底して浸透するわけではない。意見には有無を言わせぬような否定性がない。それゆえ、こんにちの**意見社会**〔*Meinungsgesellschaft*〕はすでに存在しているものにはふれないままにしておく。「液体民主主義」の流動性《フレキシビリティ》は、状況によって色を変えるという点にある。海賊党は**色をもたない意見政党**である。政治は消滅し、社会的欲求の管理にその席を譲る。社会的欲求の管理といっても、それはすでに成立している社会的・経済的関係の枠組みをなにひとつ変えずそのままに残しておき、この枠組み内部にとどまっている。反政党としての海賊党には、**政治的意志**を分節化し**新しい社会の座標**をつくり出すことはできない。

透明性の強制によって、既存のシステムはきわめて効果的に安定する。透明性はそれ自体が肯定的である。既存の政治的・経済的システムを根本的に疑問視することのできるような否定性は、透明性には含まれていない。透明性はシステムの外部にあるものに対して**盲目**である。透明性はすでに存在しているものだけを是認しそのパフォーマンスを最適化する。それゆえ、透明社会はポスト政治を伴う。完全に透明なのは脱政治化された空間だけである。委託〔Referenz〕なき政治は**国民投票**〔*Referendum*〕に堕する。(14)

肯定社会であらゆる場面に使える判断は「**いいね**」である。フェイスブックが「きらい」ボタンの導入を一貫して拒んできたのはいかにも特徴的である。(15)肯定社会はあらゆる否定性を避ける。というのも、否定性はコミュニケーションを停滞させるからだ。コミュニケーションの価値を測る尺度は情報交換の量と速度だけである。大量のコミュニケーションは、コミュニケーションそのものの経済的価値をも上げる。否定的な判断はコミュニケーションを損なう。コミュニケーションの接続は「きらい」よりも「いいね」の方が早くつながる。拒絶の否定性はとりわけ経済的観点から言って活用できない[16]。

透明性と真理は同じものではない。真理は、**それ以外の他なるもの**すべてを誤りと宣言することによって、**みずから**を真理として定立しかつそのようなものとして通用させる。そのかぎりで、真理はひとつの否定性である。よりたくさんの情報があったとしても、情報を蓄積したとしても、それだけではまだ真理はまったく生まれない。情報には方向性が、すなわち**意味**が欠けている。真なるものの否定性が欠けているというまさにそのことゆえに、肯定的なものが増殖し大量にあふれるようになっているのだ。過剰な情報と過剰なコミュニケーションが示しているのはまさしく**真理の不足**であり、それどころか**存在の不足**ですらある。より多くの情報が集められより多くのコミュニケーションが交わされたところで、それが**全体の不鮮明さ**を取り除くわけではない。むしろ、そうした情報やコミュニケーションこそが全体の不鮮明さを鮮明にしている。

【訳注】

（1）ここで「劇作術」「振付」「舞台美術」と訳した語はすべてギリシア語に由来する。「劇作術（Dramaturgie）」は舞台上で演じられる行為を意味する「ドラーマ（drāma; δρᾶμα）」に、「振付（Choreografie）」は歌に合わせて円を描くように踊る踊り「コレイア（khoreia; χορεία）」（舞踏のための場所は「コーラ」、そこで歌う人びとは「コロス」と呼ばれた）に、「舞台美術（Szenografie）」は舞台上の背景をなす「スケーネー（skēnē; σκηνή）」にそれぞれ由来する。ここでこれらの用語が図像一般について言われているように、これらの語は、劇場で上演される舞台演劇や舞踏にかぎらず、あるイメージを日常的な場面から区別された空間に置き、観ている者の解釈を必要とするような意味をそれに付与するようなはたらきをもつものとして使われている。

（2）「同じものの地獄（eine Hölle des Gleichen）」は、本書でもこのあとで引用されるジャン・ボードリヤール『透きとおった悪』（塚原史訳、紀伊國屋書店、一九九一年）にある「同じものの地獄（L'Enfer du Même）」と題された節を示唆している。ボードリヤールがそこで問題にしたのはクローンと他者の問題であった。自己の純粋化は他者を否定し自己を肯定するが、自己のクローン化によって、もはやそうした自己と他者の関係さえ消滅する。このとき、主体は「他者を追放し、自己の分裂を追放し、自分自身の転移と純粋な反復だけを強いられる主体」であって、「自己でも他者でもなく、同一者にすぎない」。そして、「それはもう他者の地獄ではない。同一者の地獄だ」と言われる（『透きとおった悪』一六四頁）。

（3）「強制的同一化」と訳した Gleichschaltung は「画一化」などとも訳されるが、とくにナチスの権力掌握（一九三三年）に伴って始まった中央政府への権力集中の過程を指す（引用されている箇所で「新しい」強制的同一化と言われているのも過去のナチス政権時の強制的同一化を念頭においてのことである）。国民の基本的人権の停止、地方政府の解体、全権委任法による独裁、ナチ党以外の政党の解散や、ユダヤ人商店ボイコット運動、焚書およびゲッベルスによるジャーナリズム・文芸部門の統制によって、政治的・経済的にも思想的・文化的にもナチスへの強制的同一化が進行した。ここで引用されるウルリッヒ・シャハトの言葉のほかに、ハン自身も本書の「管理社会」の章でこの言葉を用いている。

（4）「アンビヴァレンツ（Ambivalenz）」は、同じ対象に対して愛憎のような対立する感情を同時に抱いた状態を指す心理学用語だが、ここでは言語の不透明性について言われているように、語の意味やその語を用いて考えられる内容が一義的に決定されないという事態を指している。

（5）「ポスト・プライバシー」とは、情報技術の変化にともなって従来のプライバシーの考えかたに代わって新たに生じてきたプライバシーの考えかた。インターネット上に個人のデータが蓄積されるようになった現代では、私生活の領域や身体、内面といった従来のプライバシーの拠点だけではなく、インターネット上の個人データからつくられる分身（データ・ダブル）

の扱いが新たにプライバシー保護の観点から議論されるようになった。このとき、インターネット利用の利便性のために、個人は信頼できる情報システムに自発的にデータを提供しその管理・監視を受けいれる方がよい、とする考えかたがここで「ポスト・プライバシーのイデオロギー」と呼ばれているものである。

（6）フロイトは「自我とエス」（一九二三年）で、それまでの無意識、前意識、意識という枠組みで考えていた体系に代えて、エス、自我、超自我という枠組みを提案した。前者の体系では、抑圧される無意識と抑圧する前意識、意識は区別されるが、後者の体系では自我（および超自我）は発生的にエスから分化したものであり、それほど明瞭には区別されない。さらに、前者の枠組みでは抑圧されたものと無意識は一致するが、後者ではさらに抑圧する審級（自我）も大部分が無意識であるとされる。この変更を通してフロイトは、自我の大部分が無意識であることを主張する。

（7）「距離のパトス」はニーチェの言葉（「パトス」は情念や情熱を意味するギリシア語 πάθος に由来する言葉）。それは、上下や貴賤の隔たりを重んじる貴族主義的な態度だけではなく、個人間の差異を認め人間同士の距離を尊重する意識をも意味する（ここで「距離」というのは水平化や平等化に対する差や異なりを含意する）。『善悪の彼岸』二五七節や『偶像の黄昏』九・三七などを参照。

（8）ここではハイデガーの議論が念頭にあると考えられる。ハイデガーはなんらかのしかたで存在にかかわる人間を「現存在（Dasein）」という言葉で表し、この現存在が世界を他者と分かち合うありかたを「共同存在（Mitsein）」と呼ぶ（『存在と時間』第二六節）。「現存在の世界は共同世界であり、内存在とは他者たちとの共同存在である。他者たちが世界内部的に存在するとは、共に現に存在することなのである」（ハイデガー『存在と時間（二）』熊野純彦訳、岩波書店、二〇一三年、八一頁）。「共同存在は、そのつど固有な現存在が規定されたありかたのひとつである。〔…〕固有な現存在は、共同存在という本質的構造を有しているかぎりにおいて、他者たちにとって出会われる共同現存在なのである」（同書、八九頁）。このとき、他者は道具的なありかたをしているのではなく、「顧慮的な気づかいのもとにある」（同書、九二頁）。この「顧慮的な気づかい」は、おたがいの心が通じあっているということを意味しない。「たがいに協力し、反目しあい、また、たがいにそしらぬ顔をしあったり、すれちがったり、心に懸けあわなかったりすることも、顧慮的な気づかいの可能な様式である。しかも、最後に列挙した欠如と無差別〔「また」以下をさす〕という様態こそが、まさに日常的で平均的な共同相互存在を特徴づけるものにほかならない」（同書、九三頁）。

（9）ヘーゲルの「精神」概念は、個人の心的態度や意識状態だけではなく、人類が共同でなす行為やそうして生みだされたものやその経験の蓄積を意味する。個人は、共同で生み出されたひとつの歴史的な生活形態から離れた純粋なありかたにあるときではなく、そうした共同の生活形態に参与する者として他人に理解されまた他人をそのように理解したときに自由であるとされる。本書ではあとで「私たちである〈私〉であり、〈私〉である私たち」というヘーゲルの発言が引用されるが（原注98）、それはこうした個人の共同体における自分自身との一致を表している。

(10) 苦しみや情熱を避けてポジティブなものを求めようとする強迫のもとで疲労状態や抑鬱状態に陥るということ。

(11) ここで言われている「理論の終焉」は、アメリカの雑誌『WIRED』の編集者クリス・アンダーソンが二〇〇八年六月に『WIRED』誌上で公開した記事のタイトル「理論の終焉――データの大洪水によって科学的方法は時代遅れになる（The End of Theory: The Data Deluge Makes the Scientific Method Obsolete）」に由来する。この記事でアンダーソンは、大量のデータを集積してそこからパターンを引き出す応用数学さえあれば人間の行動は理解できるのであって、社会学や心理学の理論はもはや不要だと主張した。ハンは『エロスの苦悶（Agonie des Eros）』のまさしく「理論の終焉（Das Ende der Theorie）」と題された章でこの記事に明示的に言及し、ここでのアンダーソンの理論理解が短絡的であることを批判している。

(12)「シアトロクラシー（Theatrokratie）」は「観客支配制」とも訳され、もともとはプラトンが歌舞における「観客による支配」を批判して用いた言葉に由来する（『法律』七〇一A三）。

(13) 海賊党は自由なネット使用の保障や著作権の適用範囲の縮小を求める政党で、名前の由来は、海外や自国の書籍、ＤＶＤ、ＣＤの無断コピーが比喩的に「海賊版」と呼ばれるときの

「海賊」にある。二〇〇六年一月にスウェーデンではじめて設立され、それから八か月遅れの二〇〇六年九月にドイツでもドイツ海賊党が設立、二〇一一年九月のベルリン市議会議員選挙で得票率八・九％を得て注目を集めた。本段落のあとに出てくる「液体民主主義（Liquid Democracy）」とは、このスウェーデンやドイツの海賊党によって発案され実践されている、直接民主主義と間接民主主義を混ぜたような制度である。有権者はインターネット上で、直接民主主義のように（またそれと比べてかなり容易に）各自で政策決定に関与でき、なおかつ特定の政策決定にかんして「賛成」「反対」だけでなく「委任」も選択できることによって、間接民主主義のように負担を減らすことができる。投票結果は海賊党のプラットフォームで公表され、そうして透明性が確保されると言われている。こうした試みによって進展するのは、経済的・技術的な合理性を優先する観点から従来の代議制民主主義を非効率と見なし、既存の政治システムを通してのみ決定可能な領域を狭めつつ、選挙だけの非日常であった政治を日常化するという状況であり、これが「脱政治化（Entpolitisierung）」の側面をもつ「ポスト政治（Post-Politik）」と呼ばれる。

（14）Referenz はここでは「国民投票」との対比で「委託」と訳したが、このあとの「情報社会」の章でもこの語が用いられる。

（15）フェイスブックは本書の原著出版（二〇一二年）後の二〇一六年一月に、それまでの「いいね」ボタンに加えて、ハートマークの「超いいね！」、笑顔マークの「うけるね」、目を丸くした

「すごいね」、涙を流した「悲しいね」、怒った表情の「ひどいね」の五種類のボタンを実装した。ただし、これらのボタンはいずれも「いいね」と同じくポジティブな共感を示すものであり、ハンがここで言っている「きらい」ボタンのようなものが実装されたわけではない。

(16) ニクラス・ルーマンはコミュニケーションを「移送」や「伝達」ではなく「接続」ととらえる。この観点からは、ある発言がなされたとき、それを受け入れること（Annahme）も拒絶すること（Ablehnung）も、どちらも（受け手の状態がその発言なしでは生じなかったようなかたちで変化しているという点で）等しくコミュニケーションが成立している事態と見なされる（ニクラス・ルーマン『社会システム――或る普遍的理論の要綱』上巻、馬場靖雄訳、勁草書房、二〇二〇年、一九〇頁および二〇〇―二〇一頁参照）。ただし、コンフリクトの回避やメディアの作用により、受け手を拒絶よりも受け入れの方に押しやる圧力要素がコミュニケーション内部に生じることもありうるとされている（同書二〇一頁）。こうした圧力が経済的観点から生じるということはルーマン自身の議論に明示されているわけではないが、ハンはおそらくルーマンのこうした議論を援用して、コミュニケーションの量を増やすには「きらい」（Dislike）という拒絶よりも「いいね」（Like）という受け入れの方が経済的観点から言って望ましいとされる事態を指摘している。

展示社会

ヴァルター・ベンヤミンによれば、「礼拝のために用いられる」事物にとっては、「見られることよりも、存在することそのものがより重要なことである」[17]。そうした事物の「礼拝価値」は、その事物が存在するということによるものであって、それを展示することによるものではない。こうした事物を近づきにくい場所に置いて隔離し、それによって目に見えないようにする、という実践がこの事物の礼拝価値を高める。ある種の聖母マリア像がほとんど一年中カーテンで覆われたままであるのはそういう理由による。ケルラ〔古代ギリシア・ローマの神殿建築内部の神像安置所〕に納められた神々の彫像に近づくことができるのは祭司だけである。切り離すこと（secret, secretus）や区切ることや隔離することのもつ否定性は、礼拝価値を構成する要素である。肯定社会では、いまやありとあらゆる事物が商品になってしまっているので、事物は**存在**するために**展示**されなければならない。この肯定社会のなかで、事物の礼拝価値は展示価値のために消滅する。展示価値の観点から見れば、ただそこにあるだけということにはまったくなんの意味もない。みずからのなかで安んじているもの、みずからのもとにとどまっているものはすべて、もはやまったく価値がない。事物は**見られる**ときにのみ価値をもつようになる。展示しなければいけないという強迫により、あらゆるものが見ることのできる状態にさせられる。そうしてこの強迫は「ある遠さの現象」としての**アウラ**を完全に消滅させてしまう。展示価値は完成された資本主義をかたちづくるものであり、マルクスの言う使用価値と交換価値の対立に還元することはできない。展示価値は使用価値ではない。なぜなら、展示価値は使用の領域から離れているからである。また、展示価値は交換価値でもない[17]。なぜなら、展示価値は労働力を反映してはいないからである。展示価値とは注目の産物の結果として生じたものにすぎない。

ベンヤミンは一方で、写真のうちでは展示価値が礼拝価値を完全に抑え込んでいることを指摘している。他方でベンヤミンは、礼拝価値は無抵抗に退いているわけではなく最後の砦に引きこもっているのだ、と付け加えている。その最後の砦とは「人間の顔」であるとされる。それゆえ、肖像写真が初期の写真の中心に位置していたことは偶然ではないとされるのである。「遠く離れているか、あるいはすでに亡くなってしまった愛する人たちの思い出を礼拝すること」のうちに、図像の礼拝価値は「最後の避難所」[18]をもつという。「人間の顔の束の間の表情」のうちに、初期の写真からアウラは最後の合図を送っている。これこそが、「憂愁に満ちた、なにものにも比べがたい美しさ」をなすものであるとされる。しかし、人間が写真から姿を消しているところでは、礼拝価値に対して展示価値がはじめて優位に立つことになる、というのである。

礼拝価値をもつ「人間の顔」はこんにちでは写真から消え去ってしまって久しい。フェイスブックやフォトショップの時代は「人間の顔」を材料にして、完全に展示価値に尽きる面〔face〕をつくり出す。面とは、「視線のアウラ」[19]がまったくない**展示された顔**である。これが「人間の顔」の**商品形態**である。表面〔surface〕としての面は、エマニュエル・レヴィナスにとって**他なるものの超越**が生じる際立った場所である顔よりも透明である。透明は超越とは真逆のものだ。面の在処は同じものの**内在**である。(18)

デジタル写真のうちではいかなる否定性も抹消されている。デジタル写真は暗室も現像も必要としない。デジタル写真には、それに先立ついかなる**ネガ**〔*Negativ*〕も存在しない。デジタル写真は純然たる**ポジ**〔*Positiv*〕である。生じること、老いること、死ぬことは消し去られている。「写真というものは（はかない）紙の運命をたどるが、それだけではない。紙よりも強固な媒体に写されていても、やはり死すべきものなのである。生命のある有機体と同じように、写真は発芽する銀の粒からじかに生まれ、しばしのあいだ花を咲かせ、やがて年老いてゆく。光や湿気に侵されて、色あせ、見る影もなくなり、消滅する〔…〕」[20]。ロラン・バルトは写真を、**時間の否定性**が本質的な役割を果たす生のかたちと結びつけている。しかし、バルトが考えているような写真は、その技術的な条件と、つまりこのばあいで言えばそのアナログ性と結びついている。デジタル写真はまったく別の生のかたちを伴っている。それは、否定性から逃れてゆくばかりの生のかたちである。デジタル写真は透明な写真である。そこには誕生も死もなく、運命も出来事もない。運命は透明ではない。透明な写真には意味や時間にかかわる濃縮が欠けている。それゆえに透明な写真は**語らない**のである。

「**それはかつてあった**」〔『明るい部屋』第三二節のタイトル〕という時間内実こそがバルトにとっては写真の本質である。写真は**かつてあったもの**について証言する。それゆえ、**喪の悲しみ**が写真の根本にある気分である。バルトにとって、撮影の日付は写真の一部である。「なぜなら、撮影の日付が、写真からふと顔を上げさせ、何世代もの人びとの生や死や無慈悲な消滅を考えさせるからである」[21]。撮影の日付は、死すべきはかないものというありかたを写真に刻む。バルトはアンドレ・ケルテスの写真に対してつぎのように述べている。「一九三一年にケルテスが撮影した、幼い小学生エルネストは、現在まだ生きている**かもしれない**（しかしどこで？　どのように？　それは、なんと小説的なことであろう！）」[22]。展示価値で完全に充たされたこんにちの写真が示しているのはまた別の時間のありかたである。こうした写真は、運命などとは無縁で、いかなる物語的な緊張もいかなる「小説」の劇的展開も許容しない**否定性**

を欠いた現在によって規定されている。展示価値に充たされた写真の表現は小説的ではない。

展示された社会のなかではいかなる主体も自分自身を宣伝する広告の客体である。あらゆるものごとがその展示価値で見積もられる。展示された社会とはポルノグラフィックな社会である。あらゆるものが外に向かって披露され、身につけているものを取り去って剥き出しになり人目にさらされる。度を過ぎた展示はあらゆるものから、「いかなる秘密もなくそのまま貪り尽くされるがままの」[23]商品をつくり出す。資本主義経済はあらゆるものを、展示しなければいけないという強迫に服従させる。展示のための演出だけが価値を生み出すのであって、**事物それ自体に備わる活力**はすべて打ち捨てられている。事物それ自体に備わる活力は暗がりのなかでではなく露出過度のなかで消え去る。「より一般的に言えば、見ることのできる事物は暗がりや沈黙のなかで終わりを迎えるわけではない――そうではなく、それらは見ることのできるものよりさらに見えるもののなかで、つまり猥褻さのなかで消えてなくなる[24]」。

ポルノはエロスだけでなくセックスも壊滅させる。ポルノグラフィックな展示は性的快楽の疎外をもたらす。それは、**快楽を生きること**を不可能にするのである。セクシュアリティは、快感を得ているふりをする女性のパフォーマンスと、自分の能力を示そうとする男性のショーとに分解される。展示され見せ物にされた快楽などというものはけっして快楽ではない。展示しなければいけないという強迫は身体そのものの疎外に行き着く。身体は物象化されて、最大限の効果をもたらすように展示することが必要な客体になる。そうした身体に**住むこと**〔*wohnen*〕は不可能である。肝要なのは、みずからの身体を**展示し**それによって**搾取する**ことである。展示とは搾取である。展示せよという命法は**住むこと**そのものを壊滅させる。世界そのものが展示空間になれば、住むことは不可能である。住むことは、注目資本[19]を高めるために用いられる宣伝に抗しえない。住むことはもともと「満ち足りていること、平和へと導かれ、平和のうちにとどまること」[25]を意味する。展示しなければいけない、能力を示さなければいけない、という強迫がいつまでも続くとこの平和が脅かされる。ハイデガーの言う意味での**物**〔das *Ding*〕も完全に消え去る。[20] ハイデガーの言う物は展示することができない。なぜなら、それは純粋に**礼拝価値**で充たされているからだ。

隠されたもの、近づけないもの、秘密のもののもつ否定性がまったく欠けている過剰な可視性は猥褻である。**他なるもののありかた**の否定性がまったくない過剰なコミュニケーションのなめらかな流れも猥褻である。あらゆるものごとをコミュニケーションと可視性に委ねなければならないという強迫は猥褻である。身体と魂をポルノグラフィックな見せ物にすることは猥褻である。

展示価値はとりわけ美しい外見に左右される。それゆえ、展示しなければという強迫は、エステサロンとフィットネスジムに通わなければという強迫をもたらす。**美容整形手術**は展示価値を最大化するという目標を追求する。こんにちの**模範**が与えるのは、内面の価値などではなく、人びとが暴力的な手段を用いてでも一致しようとする外面の尺度である。展示しなければならないという命法は、目に見えるものや外面を絶対視することに行き着く。目に見えないものは存在しない、なぜならそんなものはなんら展示価値も注目ももたらさないのだから、というわけである。

展示しなければという強迫は目に見えるものを搾取する。表面上華やかなものが透明なのはこうしたしかたによるものである。表面上華やかなものはそれ以上に**問いただされる**ことがない。そこにはなんら解釈学的な深層構造がない。面《フェイス》もまた、展示価値の最大化を目指す透明になった顔である。展示しなければという強迫は最終的に私たちから顔を奪う。自分自身の顔**である**ということはもはや不可能である。展示価値の絶対化は可視性を強いる専制として現れる。問題なのは図像の増加そのものではなく、**図像**になれという**図像的強制**〔der *ikonische Zwang*〕である。あらゆるものが見えるようにならなければならない。透明性の命法は、可視性に屈服しないものに疑いの目を向ける。透明性の暴力はこの点にある。

視覚的コミュニケーションはこんにちでは、感染、カタルシス、反射としてなされる。視覚的コミュニケーションには感性的《エステーティッシュ》〔美的〕な**反省**がまったく欠けている。視覚的コミュニケーションの感性化は結局のところ無感性的《アネステーティッシュ》である。たとえば、「いいね」という趣味判断を下すためには、その場にとどまって観察するなどということはまったく必要ない。[21] 展示価値で充たされた図像には複雑さなどかけらもない。そうした図像は一義的であり、つまりはポルノグラフィめいている。そうした図像には、反省したりよく目を凝らしたり熟考したりすることを引き起こすであろう**屈折**《ハイパー》がまったく欠けている。複雑さはコミュニケーションを遅くする。無感性的な過剰コミュニケーションは、加速するために複雑さを削いでいく。無感性的な過剰コミュニケーションは本質的に意味のコミュニケーションよりも速い。意味は**遅い**。意味は情報とコミュニケーションの加速した循環にとっては邪魔である。それゆえ、透明性は**意味の真空**を伴う。大量の情報とコミュニケーションは真空嫌悪から生じる。(22)

透明社会にとっては、いかなる距離も、除去しなければならない否定性として現れる。距離はコミュニケーションと資本の循環を加速させるにあたって邪魔になる。透明社会はその内的論理にもとづいてあらゆるかたちの距離を取り除く。透明性とはつまるところ、「視線とその視線が向けられたものとが余すところなく交じりあうこと」であり、すなわち「身を売り渡すこと」26である。視線は事物と図像の永遠の放射にさらされる。距離が欠けていると知覚は触覚的になり触診のようになる。触覚的であるということが意味しているのは、じっさいに触れてかかわるということのないコンタクトであり、肌がじかに触れるほどなまなましく「目と図像が隣接すること」[27]である。距離が欠けているがゆえに、美的に**観察することやその場にとどまること**はまったく不可能である。触覚的な知覚は視線の美的な距離の終わりであり、それどころか**視線の終わり**である。距離がないということは**近さ**ではない。むしろ距離がないということは近さを根絶する。近さというものは**豊かな空間を含んでいる**。それに対して、距離がないということは空間を根絶する。近さにはある種の遠さが刻み込まれている。ゆえに近さは**広い**。かくして、ハイデガーは「遠さを持ち堪える純粋な近さ[28]」について語っている。しかし、「遠きものの近さの苦痛[29]」は除去しなければならない否定性である。透明性はあらゆるものを、近くも遠くもない単調な「同じかたちの」隔たりなきものへと**遠くに《エント》—離す《フェルネン》**。

【訳注】

（17）ここで出てくる「注目（Aufmerksamkeit）」の概念は本章のあとに出てくる「注目資本」の議論につながる。

（18）「超越（Transzendenz）」は、接頭辞「超えて（trans-）」と動詞「のぼること（scandere）」

の合成からできたラテン語 transcendere の現在分詞 transcendens に由来する。「神の超越」などと言われるときのように、人間の経験の範囲を越えていることや、認識できる自然的世界の外部にあることなどを意味する（また、外界の事物について言われるときのように、人間の意識の領域外にあることを意味するばあいもある）。ここでレヴィナスを引き合いに出して「他者の超越」と言われているのは、私が他人についてなんらかのかたちで意識している（他人の観念を抱いている）としても、他人を取り込むことができないということである。他人は私が抱いている他人の観念をはみ出し、他者の超越は無限の観念として顕現する。この無限の観念が現れる様態をレヴィナスは「顔」と呼ぶ。「〈他者〉が私のうちなる〈他者〉の観念をはみ出しながら現前する様態を、私たちはまさしく顔と呼ぶ」（エマニュエル・レヴィナス『全体性と無限』藤岡俊博訳、講談社、二〇二〇年、七二頁）。顔のうちで他者が姿を現すことで、「〈同〉の平穏な自己同一性」、「あらゆる融即から自由になった、自我において自存的である、こうした欠落なき自己同一性」（レヴィナス『全体性と無限』、三六〇頁）は、その平穏さを失う。それに対して、「内在（Immanenz）」は、接頭辞「内に（in-）」と動詞「とどまること（manere）」の合成からできたラテン語 immanere の現在分詞 immanens に由来する。ハンがここで言っている「同じものの内在」とは、「他者の超越」とは逆に、「〈同〉の平穏な自己同一性」が揺るがされることなく保たれている状態であると言える。ハンは、英語の「顔」を意味する face を含んだＳＮＳであるフェイスブック（Facebook）や画像編集ソフトのフォトショップ（Photoshop）を引き合いに出すことで、レヴィナスが「顔」というときに考えていたことと真逆の事態が「自分の顔の展示」ということで生じていることを指摘している。

(19)「注目資本（Aufmerksamkeitskapital）」は人の注目というものをある種の稀少な通貨としてとらえる概念。この概念をドイツ語圏に普及させた一人である経済学者で建築家のゲオルク・フランクはその著書『注目の経済』で、「他人の注目はあらゆる麻薬のなかでももっとも抗しがたい魅力をもつ麻薬である」と書いている（Georg Franck, *Ökonomie der Aufmerksamkeit. Ein Entwurf*, Müinchen: Carl Hanser, 1998）。

(20)ハイデガーは講演「物」（一九四九年）のなかで、瓶を例に「物とはなにか」という問いを考察している。本文で言及されている礼拝価値との関連では、たとえばつぎの箇所を参照。「瓶の瓶らしさは、注がれたものを捧げることの全体のうちで、本質を発揮しています。空の瓶にしても、その本質を保持するのは、捧げることの全体からです。〔…〕注がれたものを捧げることの全体には、一方では大地と天空が、他方では神的な者たちと死すべき者たちが、ともにやどり続けていることになります。この四者は、〔…〕唯一の四方界〔Geviert〕を織りなしているのです」（マルティン・ハイデガー「物」、『技術とは何だろうか――三つの講演』森一郎編訳、講談社、二〇一九年所収、三〇頁、三三頁）。

(21)「趣味判断（Geschmacksurteil）」というときの「趣味（Geschmack）」とは、日本語での語義にあるような「個人が仕事ではなく楽しみとして愛好していること」という意味（英語の

hobby）ではなく、美の判定能力を指す（英語のtaste）。カントの『判断力批判』第五節を参照。「趣味とは、あらゆる関心をもたない満足ないし不満足によって、対象ないし表象の仕方を判定する能力である。このような満足の対象は、美しいと呼ばれる」（『カント全集8 判断力批判（上）』牧野英二訳、岩波書店、一九九九年、六六頁）。しかし、同時に、カントは「趣味判断は、たんに観照的である」（『判断力批判（上）』六四頁）とも言う。「観照的（kontemplativ）」というのは、所有や消費などの現実上の行動を引き起こすような対象の実在性に注目しない（関心をもたない）ことを意味する。さらにそれはまた、ここでハンが言う「その場にとどまって観察する（verweilendes Betrachten）」というありかたでもある。すなわち、「いいね（I like）」と言うためにその場にとどまって観察することが必要ないということは、観照的ではないということであり、それゆえそもそも（カントの意味での）趣味判断ではないということである。ここでは「「いいね」という趣味判断」というある種の同着語法によって、SNSなどの視覚情報に対して反射的になされる反応の性格が言い表わされていると考えられる。また、この段落で「反省が欠けている」と言われるときの「反省」とは、これも日本語の語義にあるような「自分のしてきた言動の悪い点を認めたり改めたりする」ということではなく、個別ケースについて判断するときにそれを包括し規定する一般法則を判断する者自身が見出す、という自己再帰的なはたらきを意味する（『判断力批判（上）』二六頁参照）。カントはこの意味での反省的判断力が発揮される特権的な場面として、自然や芸術の美にかかわる判定がなされる場面を考えている（『判断力批判（上）』一二一頁参照）。

（22）「真空嫌悪（Horror vacui）」は、もともとはアリストテレスが『自然学』で、自然に真空が存在しないことを言い表すために用いた表現に由来する。そこから転じて芸術の分野では、絵画やレリーフなどにおいて、描き込みや装飾で空白をつぶそうとすることを意味する。本文ではまたさらに派生した意味で、情報の循環のために情報の意味内容が度外視され、結果として生じた情報の無意味さを埋め合わせるためにますます大量の情報の循環が求められるということが言われている。

エビデンス社会

透明社会は快楽を敵視する社会である。人間の快楽経済の内部では快楽と透明性は相いれない。リビドー経済にとって透明性は無縁のものだ。秘密、ヴェール、覆いの否定性こそが欲望を煽り立て、快楽の強度を高めるのである。それゆえ、誘惑者は仮面や幻影や見せかけの姿をまとって**遊ぶ**〔*spielen*〕。透明性の強制は快楽の**遊び**空間〔＝余地 *Spiel-Räume*〕を根絶してしまう。エビデンスは誘惑〔Verführen〕をまったく許容せず、ただ方法〔Verfahren〕のみを許容する。誘惑者は回り道や分かれ道、曲がりくねった道をとる。そして誘惑者はあいまいな記号を使用する。「誘惑はしばしばあいまいなコードにもとづいている。このあいまいなコードゆえに、西洋文化における誘惑者の原型は、道徳からある意味で自由になった人の典型例となっている。

誘惑者はあいまいな言葉を用いる。なぜなら、誘惑者は誠実性や対称性という規範に自分が縛られているとは感じていないからである。それに対して、いわゆる「政治的に正しい《ポリティカリー・コレクト》」実践は、透明性を高めあいまいさを放棄することを要求する。そうして、最大限の契約上の自由と平等を保障し、それによって誘惑が伝統的に帯びていた修辞的で情動的な輝かしさを空虚なものとするのである」[30]。多義性やアンビヴァレンツ、秘密、謎との戯れがエロティックな緊張を高める。透明性あるいは一義性はエロスの終わりであり、それはすなわちポルノグラフィであろう。それゆえ、こんにちの透明社会が同時にポルノ社会であるということはまったく偶然ではない。透明性の名のもとに際限なくお互いに剥き出しになることを要求する「ポスト・プライバシー」の実践もまた、快楽にとってはまったく有害である。

ジンメルによれば、私たちは「とにかく真理と誤謬との一定の割合を私たちの生活の基礎として必要とする〔…〕のみではなく、また私たちの生活要素の形象において明瞭さと不明瞭さの一定の割合をも必要とするような具合になっている」[31]。したがって、透明性は事物からあらゆる「魅惑」を取り去り、「想像力がその可能性をそこにつくり出すことを禁じる。いかなる現実もその損失を私たちに償うことはできない。なぜならそれはまさしく、いかなる受領や享楽によっても持続的にはとり替えることのできない**自己活動**であるからである」。ジンメルはさらに、「もっとも身近な人間でさえもその魅力を私たちに高く保つためには、その人の一部が不明瞭あるいは不明白というかたちで提供されなければならない」[32]、と推論する。想像力は快楽経済にとって本質的である。剥き出しでさらされた客体は想像力を締め出す。想像力は、客体がいなくなったり取り上げられたりすることではじめて掻き立てられるのである。リアルタイムでの享受ではなく、想像上の前戯や後戯、時間的な延期が、快楽を深める。想像や物語を介した回り道をまったく許容しない直接的な享受はポルノグラフィ的である。メディアを介したイメージの超現実的で過剰な鮮明さと過剰な明瞭さもまた想像力〔Fantasie〕を麻痺させ窒息させる。カントによれば、想像力〔Einbildungskraft〕は遊びにもとづく。想像力は、いかなるものもしっかりと定義されたり明確に輪郭を描かれたりしない、遊び空間〔余地〕を前提とする。[23] それは不鮮明さと不明瞭さを必要とする。想像力は自分自身にとって不透明なのであり、それに対して、自己透明性は知性〔悟性〕〔Verstand〕を際立たせる。それゆえ、知性は**遊ぶ**こともない。知性は一義的な概念を用いて**労働する**のである。

『到来する共同体』のなかでジョルジョ・アガンベンは、メシアの国のたとえ話を引き合いに出している。これは、ベンヤミンがある晩にエルンスト・ブロッホに語り聞かせたものである。「あるラビ、ひとりのほんとうのカバラー学者が、あるとき言った。平和の王国を樹立するためには、いっさいを破壊し、まったく新しい世界を開始する必要はない。この茶碗かあの若木、あるいはあの石、そしてすべての物をほんの少し脇へずらすだけで十分だ。だが、実行しようとなるとこのほんの少しがじつにむずかしく、またその尺度を見つけ出すのもとてもむずかしい。だから、世界に関係のあることがらについては、人間たちはなにもなしえないのであって、メシアが到来する必要があるのだ」[33]。事物がほんのわずかにずらされるだけで、平和の王国が樹立される。アガンベンによれば、この最小限の変化は、事物そのもののなかで生じるのではなく、事物の「縁」で生じる。この変化によって事物は秘密に満ちた「輝き」(clarior)を与えられる。この「光背」は「身震い」によって、事物の縁で生じる「虹彩」によって生じる。[34] アガンベンの思想をさらに推し進めて、つぎのように言うことができるだろう。このかすかな身震いが引き起こすのは〈不明瞭になること〉であり、不明瞭になることによって事物はその縁から秘密に満ちた輝きのなかへと覆い隠されるのだ、と。聖なるものは透明ではない。むしろ、聖なるものが際立たせるのは秘密に充ちた不鮮明なものである。**到来する平和の王国**が意味するのは透明社会ではないだろう。透明性は**平和の状態などではまったくない**。

聖なるものの空間だけでなく、欲望の空間も透明ではない。欲望の空間はむしろ「湾曲している」。「〈対象―貴婦人〉には間接的にのみ、蛇行するように曲がりくねった回り道を通ってのみ到達できる」[35]。宮廷恋愛における欲望の対象である貴婦人〔frouwe〕は「ブラックホール」であり、欲望はその周囲で濃密になる。ジャック・ラカンによれば、対象は、「剥奪や接近不可能性というとても奇妙な扉から導入」される[36]。ラカンはそれを、描かれたイメージの内容が歪曲され歪められたかたちで出現しているアナモルフォーズという「解読不可能な形態」に喩えている[37]。すなわち、アナモルフォーズは**見て明らかにわかる**〔*evident*〕ものではまったくない（ラテン語の videre は「見ること」という意味である）。ラカンいわく、宮廷恋愛は「アナモルフォーズする」[38]。宮廷恋愛の対象は、時間的な観点からもアナモルフォーズである。というのも、その対象には「絶え間ない延期によってのみ」[39]到達可能であるからだ。ラカンはこのような対象を、(ドイツ語の原語をそのまま用いて)「das Ding」とも呼んでいる。「das Ding」は謎めいていて隠されているがゆえに、それについてのいかなる**図像**もつくることができない。それは表象を逃れる。「「もの Das Ding」のうちにあるもの、それは真の秘密です」[40]。

透明性とは対称性の状態である。それゆえ、透明社会はあらゆる非対称的な関係を取り除こうと努める。この非対称的な関係には権力も含まれる。〔しかし、〕権力そのものに悪魔的なところはない。権力は多くのばあい、生産的であり、なにかを生み出すはたらきをもつものである。権力は社会を**政治的に**形成するための自由の空間、遊びの空間〔=余地 Frei- und Spielraum〕を生み出す。権力は快楽の生産にもかなりの程度関与している。リビドー経済は権力経済の論理にしたがう。なぜ人間は権力を行使する傾向があるのか、という問いに対して、フーコーは快楽経済を手がかりにしてつぎのように答える。それはすなわち、人間が相互関係のなかで自由になるほど、他人のふるまいを規定する快楽は大きくなる、というものである。ゲーム〔Spiel〕が開かれたものであるほど、他人のふるまいを指導するゲームの種類が多種多様になるほど、快楽は大きくなるとされる。戦略的なゲームには不透明性と予測不可能性がかなりの程度含まれている。権力もまた戦略的なゲームである。かくして、権力はひとつの**開かれた**空間でプレイされる。「権力とは戦略的なゲームのことです。権力が悪ではないなどということは、だれもがわかっているはずのことですよ。性的な関係、恋愛関係の例を考えてみてください。事態が逆転しうるような、戦略的に開かれた一種のゲームにおいて他者に権力を及ぼすことは悪ではありません。それは愛や情熱や性的快楽の一部です[41]」。

「永遠」を欲するニーチェ的な「快楽」の起源は**真夜中**にある。ニーチェならば、いまだに透明性への信仰心を抱いているかぎり私たちは神を廃してなどいない、と言うだろう。厚かましい視線に反対し、あらゆるものを可視化することに反対して、ニーチェは仮象を、仮面を、秘密を、謎を、狡智を、遊戯を擁護する。「深いものはすべて、仮面を愛する。なににもまして深い事物は、形象や比喩に対して憎悪をさえ抱く。

〔…〕愛や途方もなく寛大な行為でも、そのあとでは、棍棒をとって目撃者をさんざんに殴りつけ〔…〕てしまうにこしたことのないようなものもある。〔…〕仮面の背後にあるのが悪だくみばかりだとはかぎらない、――狡智のなかにも多くの善意がやどっているのだ。〔…〕あらゆる深い精神は仮面を必要とする。そればかりでなく、あらゆる深い精神のまわりには、たえず仮面が生じてくる〔…〕[42]。深い精神は仮面の保護のもとで生じる。仮面は深い精神のまわりで保護被膜のように成長する。**まったく他なるもの**、**新しいもの**は、それを**同じもの**から保護する仮面のもとでのみ生じる。

さらに、狡智は悪だくみと同じものではない。狡智は、定言命法から導かれた行為と比べて、より効果的であり、より暴力的でない[24]。それゆえ、ニーチェは「暴力よりは狡智がよい」[43]と書いている。狡智は**辺りを見回して**そのつどの**状況に含まれた潜勢力**を利用し尽くすのであり、そのかぎりで、よりしなやかでより柔軟性がある。それゆえ、狡智は、その堅固さゆえにみずからにとって透明な定言命法よりも事態をよく見る力がある。真理により近いところにあるのは狡智ではなく暴力である。それゆえ、暴力はより多くの「エビデンス」をもたらす。ニーチェがここで呼び起こしているのは、あらゆるものをくまなく照らし出して管理する社会のなかでは不可能な、**より自**

由な生のかたちである。この生のかたちは、対称性や平等を盾にとる契約思考にも交換経済にも規定されえないという意味でもまた自由である。

秘密や不可解さから魅力が生じることもしばしばある。アウグスティヌスによれば、神は比喩表現を用いて聖書を意図的にわかりにくくしているが、それは快楽をよりいっそうもたらそうとするためであるとされる。「それゆえ、こうしたものが形象的な外套でも用いられているかのように覆われているのは、信心深い探究者の知性をはたらかせるためであり、剥き出しで（nuda）あからさまに（prompta）現れて無価値なものに見えるなどということのないようにするためである。それにもかかわらず、この覆われたものが隠された状態から取り出されると、別の箇所で率直にはっきりと（manifeste）述べられていて容易に理解できることであっても、私たちの認識のなかでいわば更新され、瑞々しく甘美なもの（dulcescunt）として味わわれるのである。そうした箇所がこうしたしかたで隠される（obscurantur）とき、それは学ぼうとする人への悪意に由来するのではない。そうではなく、このように隠されることによって、そうした箇所はよりいっそう際立たせられるのである。いわばおあずけにされた人びとがますますそれに熱烈に焦がれるように、そうして待ち焦がれたものがさらなる大きな喜びとともに見出されるように」[44]。形象的な外套は言葉をエロティックなものにする。言葉はそれによって欲望の対象にまで格上げされるのである。言葉は形象で覆われるとより誘惑的に作用する。隠されているという状態の否定性が解釈学《ヘルメノイティーク》を性愛《エロティーク》にする。発見《エントデッケン》と解読《エントツイッフェルン》は快楽に充ちた暴露《エントヒュルング》としてなされる。それに対して、情報は**裸**である。言葉の**裸性**は言葉からあらゆる魅惑を取り去ってしまう。裸性は言葉を浅薄にする。秘密の秘術性《ヘルメティーク》とは、いかなるばあいでも透明性のために取り除くのが肝要だとされる**悪魔性**〔*Diabolik*〕などではない。秘密の秘術性とは**象徴性**〔*Symbolik*〕であり[25]、それどころかある**深さ**を、それがたとえ仮象としてであろうとも生み出すある特殊な文化技法なのである。

【訳注】

(23) Einbildungskraft はカントの文脈では「構想力」と訳される語である。カントは『純粋理性批判』で、構想力を「直観のうちに対象が現前しなくても対象を表象することのできる能力」(B 151) と定義する。心のなかに不在の対象の「像 (Bild)」を思い描くという意味では広い意味での「想像力」と同じであるが、『純粋理性批判』第一版で「直観の多用をひとつの像にまとめあげる」(A 120)とされているように、カントのばあい、構想力は感性と悟性という人間の認識の二つの源泉を仲介するという特別な役割を果たす。このカント独特の意味を明示するために、Einbildungskraftには「構想力」という訳語が与えられることが多い。また、『判断力批判』第九節では、この構想力と悟性の「自由な遊び」にもとづいて、美における主観的な快の感情がほかの人に伝達可能であることを説明している。本文では、ハンがジンメルなどを引用しつつ地の文でFantasieという語も用いていること、またこのあとの「ポルノ社会」の章でEinbildungskraftという語に含まれるBildのニュアンスを強調した用法が見られることから、「想像力」と訳した。

(24)「定言命法(kategorischer Imperativ)」はカントの用語。カントによれば、無条件に善いのは(行為の結果ではなく)善い意志だけであり、また、万有引力の法則に強制されて落下運動をするリンゴと異なり、人間のばあいには意志があるので、「したいこと」と「すべきこと」が分裂するということがありうる。このため、「すべきこと」にあわせた意志決定は意志にとって強制であることになる。「命法(Imperativ)」とはこの強制関係を「べし」という語によって示す表現である。またこの命法は、傾向性や目的を条件として「しかじかならば…せよ」のかたちで成り立つときは「仮言(hypothetisch)」命法と呼ばれ、それに対して、無条件にただ「…せよ」のかたちで成り立つときは「定言(kategorisch)」命法と呼ばれる。無条件に成り立つ命法はだれもがそうするような命令を表現していなければならないため、定言命法は普遍性だけを含んでいるはずだ、とされる。この点から、本文では、形式的普遍性を重視する定言命法にしたがう行為と比べて、そのつどの状況を考慮し活用する狡智の方がより「効果的（effizient）」でありより「暴力的（gewaltsam）」ではないとの主張がなされていると考えられる。

(25) ここでの「悪魔性（Diabolik）」と「象徴性（Symbolik）」の対概念をハンはルーマンから引き継いでいる。この対は、ギリシア語の動詞「一緒にする（symballein）」に由来する名詞Symbolonおよび「向こう側へ投げる（diaballein）」に由来する名詞Diabolonというその語源から、それぞれ〈寄せ合わせるはたらき〉と〈引き離すはたらき〉を表す対として用いられる。ルーマンは『社会の経済』第七章「コミュニケーション・メディアとしての貨幣——象徴的一般化と悪魔的一般化」で、交換メディアとしての貨幣が交換関係にある人びとを寄せ合わせる方向にも引き離す方向にも作用しうることを、すなわちコミュニケーション・メディアとしての貨幣の象徴性と悪魔性の一体性を指摘している（ニクラス・ルーマン『社会の経済』春日淳一訳、文眞堂、一九九一年、二五八頁以下）。ハンは本書に先立つ著作『暴力のトポロジー』の第一部第五章「暴力のマクロ論理」でルーマンの『社会の経済』を参照しつつ、それを「権力（Macht）」と「暴力（Gewalt）」の区別に適用している。それによれば、権力は象徴的に、すなわち自己と他者を結びつけ関係づけ統合するかたちで作用する。それに対して、暴力の本質は悪魔的である。すなわち、暴力は自己と他者を分離して、抑圧的・破壊的・排除的なかたちで現われる。そこでは、象徴性と悪魔性の一体性というルーマンの議論を継承しつつ力点は異なるところに置かれている。権力も悪魔的に機能するばあいがあるが、権力をそのような観点からのみとらえると、権力の生産的な象徴性が失われてしまうとされるのである。

ポルノ社会

透明性は美の媒体《メディウム》ではない。ベンヤミンによれば、覆いと覆われたものが引き剝がすことのできないほどに結びついているということが美にとって不可欠である。「というのも、覆いも覆われた対象も美ではなく、美とはその覆いのうちに存在する対象を謂うからである。だが、覆いを取り除くと、この対象は限りなく目立たぬものであることが明らかになるだろう。〔…〕言い換えれば、究極において覆いが本質的であるような対象は、ほかに言い表わしようがない。ただ美なるものだけが、覆いつつ覆われた状態で本質的であることができ、しかも美なるもの以外のなにものもそのようにあることはできないがゆえに、秘密のなかにこそ美の神的な存在根拠があるのだ」[45]。美は、覆いおよび覆うことと必然的に結びついているかぎりで、覆いを取り除くことができない。覆われたものは覆いのもとでのみ自己自身と同一であり続ける。それゆえ、剥き出しの美などというものはけっして存在しない。「覆いのない露わな状態のなかでは本質的に美しいものは退いていて、人間の裸体において、あらゆる美を超えたある存在が達成されている――つまり、崇高なるものが。そしてそのときまた、あらゆる形成物を超えたあるひとつの作品が達成されている――つまり、創造主の作品が」[46]。なんらかの形式ないしなんらかの形象物だけが**美しい**ものでありうる。それに対して、形式や形象を欠いた、美の構成要素としての秘密がもはや伴っていない裸性〔＝剥き出しのありかた〕は、**崇高**である。崇高は美を超える。しかし、**被造物の**裸性はけっしてポルノグラフィ的ではない。被造物の裸性はまさしく**崇高**であり、創造主の作品を示している。カントにとってもまた、ある対象がいかなる再現前化をも、いかなる表象をも超えるとき、その対象は崇高である。崇高は想**像**力〔Ein*bildungs*-kraft〕を超える。(26)

裸性はキリスト教の伝統では「拭い去れない神学的な刻印」を帯びている[47]。キリスト教のテーゼでは、アダムとエヴァは堕罪以前には裸ではなかった。というのも、「恩寵という衣服」、「光の衣服」[48]がアダムとエヴァを覆っていたからである。罪により、アダムとエヴァはみずからがまとっていた神の衣服を奪われる。完全に剥き出しになってから、アダムとエヴァはみずからを衣服で覆う必要があることに気づくのだ。したがって、裸性は恩寵という衣服の喪失を意味する。アガンベンが試みているのは、神学的な装置から解放されている裸性を考えることである。そのさい、アガンベンは、ベンヤミンにおいては裸の肉体が帯びていた崇高を、ポルノグラフィックなものへも応用している。ポルノグラフィックな半裸のモデルについて、アガンベンはつぎのようにコメントする。「微笑みながらその裸を見せびらかす美しい顔は、ただつぎのように言うのみである。「わたしの秘密を見たいの？　わたしを包んでいるものを明みに出したいの？　ならこれをご覧なさい、もしあなたにそれが理解できるなら、この、度しがたい秘密の欠如をご覧なさい！」。〔…〕しかしながら、裸における美という魔法の、このような解除こそが、あらゆる秘密とあらゆる意味の先にある仮象の、このような崇高で悲惨な見せびらかしこそが、神学的な作動をなんらかのしかたで阻むのである」[49]。〔しかし〕ポルノグラフィックに見せびらかされた裸の肉体は、たしかに「悲惨」ではあるが、「崇高」ではない。ベンヤミンが美しい仮象と対比させている崇高には、展示価値がまったくない。ほかならぬこの展示価値こそが被造物の崇高さを台無しにするのである。崇高はひとつの礼拝価値をもたらす。ポルノグラフィのように見せびらかされ、相対する者に「目配せする」[50]顔は、まったく崇高ではない。

アガンベンは〔神学的な〕装置とそこから自由になった裸性とを対置しているが、これは非弁証法的である。顔になんらかの役割や仮面や表現を押しつける装置だけが暴力なのではない。形式を欠いたポルノグラフィックな裸性もまた暴力なのだ。**肉**になった肉体は、崇高なのではなく、猥褻なのである。ポルノグラフィックな裸性は、アガンベン自身が述べているように、暴力の結果である肉の猥褻さに近い。「このためにサディストは、あらゆる手段を用いて肉を現前させようとする。そして、他者の肉体にむりやり不自然なポーズをとらせ、さらには、肉体の猥褻さを暴露するような、すなわち、あらゆる恩寵＝優美の取り返しのつかない喪失を暴露するような姿勢をとらせようとするのである[51]」。

アガンベンの言うポルノグラフィックな裸性でとりわけ犠牲になるのは、優美である。

アガンベンにとって、優美（grâce）はその神学的起源ゆえに疑わしく見える。というのも、優美は**恩寵**に近いからだ。アガンベンが引き合いに出すのは、肉体の優美は肉体を道具にする目的志向的な運動のゆえである、というサルトルのテーゼである。しかし、目的に向かって固定されていることだけですでに、いかなる道具も優美ではないということの理由になる。道具はその目的を**まっすぐに**追求しつかみとる。それに対して、優美には、どこか**回りくどいところ**や**回り道めいたところ**が含まれている。優美が前提とするのは、いわばある行為のまわりで**戯れて**目的の経済から逃れる、身ぶりや作法の**自由な戯れ**である。それゆえ、優美は、目的志向的な行為と猥褻な裸性**のあいだに**位置している。アガンベンが見逃しているのは、この**優美なる**〈**あいだ**〉である。見せびらかされることによってもまた優美は消え去る。クライストの「マリオネット劇場」に出てくる少年は、鏡の前に立ち自分の動きをことさらに見せびらかすまさにその瞬間に、彼にそなわっていた優美を失うのである。ここで鏡は、アガンベンが論じているポルノ女優がずうずうしくのぞき込み、自分が展示されているということ以外もはやなにも表現しないカメラのレンズと同じ効果を発揮している。[52]

アガンベンは展示にひとつの際立った可能性を見ている。それは、神学的な装置から解放され、そうして「世俗化されて」新しく使用することができるようになった裸性を浮き彫りにする可能性である。このようにして展示された秘密のない顔は、見せているという行為を見せるだけである。このような顔はなにも隠さずなにも表現しない。それはいわば透明になってしまっているのだ。アガンベンはこの点に特別な魅力を見て取っている。それは、「純粋な展示価値に由来する」「特殊な魔法」[53]である。展示されることによって顔は空洞にされ、**表現以前の**場所と化す。アガンベンが期待しているのは、この空虚にする展示という実践が、エロティックなコミュニケーションの新しい形式をもたらすことである。「だれもが経験するとおり、女の顔は見られていると感じると無表情に変わってしまう。すなわち、視線にさらされているという自覚は、意識のなかに空洞をつくり、ふつうであれば顔を生き生きとさせている表情のプロセスを、強力に解体するものとして作用するのである。ファッションモデル、ポルノスター、自分を見せることを職業とするその他の女性たちがまずもって身につけるよう学ばねばならないのは、厚顔なまでの無関心である。すなわち、見せているという行為しか見せないこと（つまりは、みずからが絶対的にメディアに組み入れられていること）である。このようにして、顔は爆発しそうなくらいに展示価値を帯びる。しかし、まさに表情のこのような無化を通じて、エロティシズムは本来ならばそれが生じえないようなところに、すなわち人間の顔に入りこむ〔…〕。あらゆる具体的な表情を超えたところで純粋な手段としてさらされて、顔は新しい使用に、エロティックなコミュニケーションの新しい形式に供せられるものとなるのである」[54]。ここまでくるとさすがに、爆発しそうなくらいに展示価値を帯びた顔がじっさいに「性の新しい集団的な使用」〔アガンベン『瀆神』、一三四頁〕を、「エロティックなコミュニケーションの新しい形式」を開示することができるのかという疑問がわく。アガンベンいわく、いかなる神学的刻印からも解放されたこの表現以前の裸性はそれ自体のうちに「瀆神的潜勢力」を含んでいるのだが、これは「ポルノグラフィの装置」〔アガンベン『瀆神』、一三三頁〕によって台無しにされてしまう、とされている。〔しかし、〕アガンベンの想定に反して、ポルノグラフィが性の新しい使用を妨げるのは**事後的にではない**。裸性の共謀者になった顔の内容というのはそれが展示されているということだけである——すなわち、その内容とは、裸の肉体が見せびらかされているということの恥ずかしげもない意識を展示するということにあるのであって、そうした顔は**すで**

にしてポルノグラフィックなのである。秘密のない、透明になった、もっぱらその展示されたありかたにのみ切り詰められた剥き出しの顔は猥褻である。爆発しそうなくらいにまで展示価値を帯びている面《フェイス》はポルノグラフィックである。

アガンベンが認識していないのは、**展示されているというありかたそのもの**がすでにポルノグラフィックであるということだ。資本主義は、あらゆるものを商品として展示しあらゆるものを過剰な可視性《ハイパーヴィジビリティ》へと引き渡すことによって、社会のポルノグラフィ化を高める。目指されるのは展示価値の最大化である。資本主義にはそれ以外の性の使用などない。ほかならぬポルノグラフィックな女性のイメージにこそ、アガンベンが要求する「性の集団的な使用」は実現している。「ポルノグラフィのイメージの孤独な消費」〔アガンベン『瀆神』、一三四頁〕はけっして性の新しい集団的な使用の約束のたんなる「代わり」ではない。むしろ、孤独な者と集団はポルノグラフィのイメージを**同じように使用している**のである。

とりわけアガンベンがとらえ損ねているのは、エロティックなものとポルノグラフィックなものの本質的な違いである。裸性が直接見せびらかされるということはエロティックではない。肉体のエロティックな場所は、ほかならぬ「衣服が口をあけるところ」、肌が「ふたつの縁のあいだで」、たとえば手袋と袖のあいだで「きらめく」ところにある。エロティックな緊張は、裸性を永久不変に展示することに由来するのではなく、「現われることと消え去ることの演出」に由来するのだ。[55]「中断」の**否定性**こそが、裸性に輝きを与える。剥き出しの裸性を展示することが帯びる肯定性はポルノグラフィックである。そこにはエロティックな輝きが欠けている。ポルノグラフィックな肉体は**なめらか**である。ポルノグラフィックな肉体はなにものにも**中断**されない。中断はアンビヴァレンツを、二義性をもたらす。この**意味論的な不明瞭さ**がエロティックなのである。エロティックなものはさらに、秘密や隠し事の否定性を前提とする。透明性のエロスなどというものはけっして存在しない。ありとあらゆるものを展示し剥き出しにせんがために秘密が消滅するまさにそのとき、ポルノグラフィが始まる。あらゆるものに深く入り込んで《ペネトラント》貫く《ペネトリーレント》肯定性がポルノグラフィの際立った特徴である。

アガンベンは、いかなる秘密にも神学的な刻印が押されており、それを「冒涜する」ことが重要だと考えている。瀆神は秘密のない美を、裸性を「優美＝恩寵の威信や腐敗した本性という甘言を度外視して」生み出さなければならないのである。「反対に、解明不可能な包むもののうちには、いかなる秘密も存在せず、裸にされた秘密は、純粋なる仮象として姿を現わす。〔…〕この意味において、裸の教訓はただ一言、haecce!、「これ以外のなにものでもない」という叫びにほかならない」[56]。しかし、**エロティックなものの教訓**などというものはない。エロティックなものはこの「haecce!」から逃れるのだ。「これ以外のなにものでもない」という秘密のない**エビデンス**はポルノグラフィックである。エロティックなものには**直示的なもの**の一義性がない。エロティックな**暗示**は直示的ではない。ボードリヤールによれば、エロティックな誘惑の力は「他者にとって他者自身において永遠に秘密のままでありつづけるであろうものの予感を、私がその他者についてけっして知ることがないであろうにもかかわらず秘密の印のもとで私を引きつけるものを」[57]伴って作用する。ポルノグラフィックなものは他者を引き寄せることもなにかをほのめかすこともせず、ただ伝染し冒すだけである。距離があってこそ誘惑は可能なのであろうが、ポルノグラフィックなものにはこの距離が欠けている。エロティックな引き寄せには必ず**引き離すこと**という否定するはたらきが含まれている。

バルトは写真に含まれる二つの要素を区別している。第一の要素を彼は「ストゥディウム［studium］」と呼ぶ。ストゥディウムということで言われているのは、重要な研究対象であるような情報からなる広い場、「気楽な欲望と、種々雑多な興味と、とりとめのない好み――つまりは好き／嫌い（I like / I don't）――を含む場」[58]のことである。ストゥディウムは「好きである［to like］」の類に属し、「愛する［to love］」の類には属さない。「いいね／よくないね」というのがストゥディウムの判断形式である。そこにはいかなる激しさも熱情もない。第二の要素である「プンクトゥム［punctum］」は「ストゥディウム」を打ち破る。プンクトゥムは気に入ったという満足感などけっして引き起こさない。そうではなく、プンクトゥムは傷を負わせ、強い感情にとらえられ乱れた状態をもたらすのだ。[27] 単一な写真にはプンクトゥムがない。単一な写真はストゥディウムの対象にすぎない。「報道写真は、非常にしばしば単一な写真となる（単一な写真は、必ずしも平和な写真というわけではないのである）。

報道写真の映像には、プンクトゥムはない。衝撃力はある——字義通りの意味は精神的ショックを与えることができる——が、しかし乱れはない。単一な写真は、「叫ぶ」ことはできても、傷を負わせることはできない。そうした報道写真は（一目見て）受け入れられ、それで終わりである」[59]。プンクトゥムは情報の連続を中断させる。プンクトゥムは**裂け目**として、**断裂**として現れる。それは**確定することのできないなにか**が内在しているもっとも強烈でもっとも濃密な場所なのである。プンクトゥムには、ストゥディウムが際立たせる透明性やエビデンスといったものはまったくない。「名指すことができないということは、内的な乱れを示す確かな記号である。〔…〕効果はたしかに感じられるのだが、しかしその位置を突きとめることはできず、その記号、その名前が見出せない。その効果は突き刺すようなのだが、しかしそれが達しているのは、私の心の漠とした地帯である」[60]。

バルトはポルノグラフィックなイメージも〔プンクトゥムのない〕単一な写真に数え入れている。ポルノグラフィックなイメージはなめらかで透明であり、いかなる断裂も、いかなる曖昧さも示さない。しかし、裂け目や内的な断裂があることこそがエロティックなものを際立たせるのである。エロティックなものはなめらかでも透明でもない。エロティックな写真は「かき乱され、ひびの入った」[61]イメージである。ポルノグラフィックなイメージのなかではあらゆるものが外に向けられ人目にさらされている。ポルノグラフィには内面、秘匿、秘密がない。「ただひとつの宝石を明るく陳列したショーウィンドーのように、ポルノ写真全体は、ただひとつのもの、つまりセックスだけを見せるように構成されている。副次的な、場違いな対象が、セックスを半ば隠したり、見るのを遅らせたり、気をそらせたりすることは断じてない」[62]。なにひとつ覆われたり隠されたりしたままにしてはおかず、すべてを視線にさらす透明性は猥褻である。こんにちでは、メディアを介したあらゆるイメージが多かれ少なかれポルノグラフィックである。こうしたイメージには、その感じのよさゆえに、プンクトゥムが、意味論的な強度がまったく欠けている。こうしたイメージは、つかみかかり傷を負わせるようなものをなにひとつ含まない。それはせいぜいのところ、「いいね」や「スキ」の対象をつくるだけである。

バルトによれば、映画の図像にはプンクトゥムがまったくない。プンクトゥムは、観想するようにとどまることと結びついているとされる。「スクリーンの前では、私は目を閉じる自由をもっていない。そんなことをしようものなら、目を開けたとき、ふたたび同じ映像を見出すわけにはいかなくなる」[63]。プンクトゥムはその場にとどまって観想するようにじっと鑑賞しなければ開示されないとされる。それに対して、映画のように図像が連続すると、鑑賞者は「絶え間なく貪り食う状態」に陥らざるをえない。プンクトゥムは、貪り食い消費するだけでいかなる「**思考性**」[64]も含んでいない視線ではとらえられない。プンクトゥムは、ただちに明らかになるのではなく、思い出しながらとどまるなかであとになってようやく明らかになることがしばしばある。「してみると、それが、明瞭であるにもかかわらず、ときとして事後にはじめて明らかになる、ということがあっても少しも驚くには当らない。そのようなことが起こるのは、長いあいだ写真を見ずに過ごしたあと、ふたたび写真のことを考えるときである。現に見ている写真よりも、思い出した写真のほうが、いっそうよく理解できる、ということがあるものだ。〔…〕プンクトゥムは、いかに直接的、いかに鋭利なものであっても、ある種の潜伏性をもつことができる（しかしいかなる検査にもけっして反応しない）、ということを私はそのとき理解したのだった」[65]。「音楽」は「目を閉じる」ことではじめて成立する。バルトはカフカを引用してこのように言う。「いろいろなものを写真に撮るのは、それを感覚から追い払うためだ。私の小説は目を閉じるひとつのやりかたなのである」[66]。音楽は図像に対する観想的な距離のなかでのみ鳴り響く。それに対して、直接的な接触によって目と図像が短絡してしまうならば音楽は沈黙する。透明性には音楽がない。バルトはさらに、写真は「静止している」のでなければならないと述べる。「静止を求めること」のなかではじめて写真はそのプンクトゥムを開示するのである。この**静止の場所**こそが、観想するようにとどまることを可能にする。それに対して、ポルノグラフィックな図像のまえに**とどまる**ことはない。ポルノグラフィックな図像はけたたましく騒々しい。なぜならそれは**展示されている**からだ。そうした図像には時間的な幅もない。ポルノグラフィックな図像はもはやいかなる想起も許容しないのである。それは直接的な興奮と満足に使われるだけである。

ストゥディウムはひとつの読解である。「私が多くの写真に関心をいだき、それらを政治的出来事の証言として受けとめたり、ありありとした歴史的画面として評価したりするのは、ストゥディウムに由来する。というのも、私が人物像に、表情に、身振りに、背景に、行為に共感するのは、教養文化を通してだからである（ストゥディウムという語のうちには、それが文化的なものであるという共示的意味《コノテーション》が含まれている）[67]」。文化がある特殊な人物像、表情、身振り、語り、行為から成立するのであれば、こんにち生じている視覚的なもののポルノグラフィ化は**脱文化化**として進行する。ポルノグラフィックで脱文化化されたイメージは、読解すべきものをなにも与えない。それは広告イメージのように、媒介されることなく接触して伝染するように作用する。そうしたイメージは**ポスト解釈学的**である。それはストゥディウムが存在しうるための距離をまったく許容しないのである。読解ではなく伝染と浄化作用がこうしたイメージの作用のしかたである。そこにはプンクトゥムもまったく含まれない。こうしたポルノグラフィックで脱文化化されたイメージは空虚化してスペクタクルになる。ポルノ社会とはスペクタクルの社会である[28]。

【訳注】

(26) カントによれば、美しいものと崇高なものはともにそれだけで満足を与える。しかし、美しいものとは異なり、崇高なものは人間の感性的能力を超える（『判断力批判』第二三節）。「理屈を弄することなくたんに把捉することのうちで崇高の感情をわれわれのうちに引き起こすものは、その形式からみてわれわれの判断力に対して反目的的であり、われわれの描写能力に不適合であって、構想力に対していわば暴力的であるようにみえるとしても、しかしそれにもかかわらず、それだけますます崇高であるとされるのである」(『判断力批判(上)』、一一三―一一四頁)。

(27)「ストゥディウム」と「プンクトゥム」は、バルトが『明るい部屋』で写真を見る経験を分析するために用いた対概念。「ストゥディウム」は「好みや一般的な思い入れ」を意味するラテン語に由来し、自分がすでに身につけている知識や教養といった文化的、政治的文脈を媒介物として、写真の典型的な情報に対して一般的関心や平均的感情をいだくような受容を指す。それに対して、「プンクトゥム」は「刺し傷、小さな穴、小さな斑点、小さな裂け目」を意味するラテン語に由来し、そうした一般的関心や平均的感情をいだかせる文脈を乱して偶発的に写真を見る者の胸をしめつけるような細部の経験を指す。

(28)ギー・ドゥボール『スペクタクルの社会』木下誠訳、筑摩書房、二〇〇三年を参照。

加速社会

サルトルによれば、身体〔Körper〕は、肉というたんなる事実性に還元されるとき、猥褻になる。指示する方向性のない身体、方向づけがなく**行動のさなか**あるいは**状況のただなか**にいない身体は猥褻である。余分で過剰な身体の運動は猥褻である。[29]猥褻さについてのサルトルの理論は、社会身体〔Gesellschaftskörper〕に、社会身体の過程と運動に転用できる。社会身体の過程と運動は、そこからあらゆる物語性が、あらゆる方向性が、あらゆる意味が奪い去られたとき、猥褻になる。そのとき、こうした過程と運動の余分さと過剰さは、肥大化、群衆化、異常増殖として現れる。それはなんの目的もなんの形式ももたず増殖し成長する。社会身体の過程と運動の猥褻さはこの点にある。目的を越えて加速する過剰な活動性《ハイパークリエイティヴィティ》、過剰な生産《ハイパープロダクション》、過剰な《ハイパー》コミュニケーションは猥褻である。もはやじっさいに**なにも動かさず**〔*bewegend*〕、なにひとつ**実現する**〔*zuwege* bringen〕こともない、この過剰な加速《ハイパーアクセラレーション》は猥褻である。その過剰さにおいて、過剰な加速は**運動が向かう先**を越えていく。自分自身を目的として加速するこの**純粋な**運動は猥褻である。「運動は、運動していない状態よりもむしろ速度があり加速している状態で消える——運動よりもさらに動かされているもの、またはこう言ってもよいが、運動からその方向性を奪うことで運動を極限へと駆り立てるもの、そうしたもののなかで運動は消滅するのだ[68]」。

加算〔Addition〕は物語〔Narration〕よりも透明である。加速させることができるのは、**加算的に処理され、物語的な展開**がないプロセスだけである。完全に透明なのは処理装置《プロセッサー》の演算《オペレーション》だけである。なぜなら、それは純粋に加算的に進むからだ。それに対して、儀式と儀礼は、加速を免れる物語的な事象である。いけにえを捧げる行為を加速させようとするなどというのは冒涜であろう。儀式と儀礼にはそれに固有の時間が、固有のリズムと拍節がある。透明社会は儀式と儀礼をすべて取り払ってしまう。なぜなら、儀式と儀礼は手順が定められた業務として遂行することができないからであり、こうした儀式と儀礼は情報やコミュニケーションや生産の循環の加速にとって妨げになるからである。

計算することとは対照的に、思考することはみずからにとって透明ではない。思考は、あらかじめ計算された道にしたがうのではなく、開かれたものへと赴く。ヘーゲルによれば、思考にはある否定性が内在している。この否定性ゆえに、思考はみずからを**変容させる経験を耐える**のである。[30] **みずからとは別のものになること**という否定性は思考にとって本質的な構成要素である。この点に、つねにみずからと同一であり続ける計算との違いがある。計算のこの同一性は、加速させることができるための条件である。否定性は経験だけでなく認識をも際立たせる。たったひとつの認識だけでも、すでに存在しているものを**全体として問いただし変革する**ことができるのだ。情報にはこうした否定性が欠けている。経験にもまた、変革の力が生まれ出てくるもととなる**継起**がある。この点で経験は、すでに存在するものを手つかずのままにしておく体験とは異なる。

処理装置〔Prozessor〕には否定性が欠けており、この点でそれは、行列〔Prozession〕とは区別される。行列は物語的な出来事である。処理装置とは反対に、行列は強い方向づけがなされている。それゆえ、行列はけっして猥褻ではない。処理装置も行列も、「前に行く」という意味のラテン語の動詞procedereに由来する。行列は物語のなかにつなぎとめられている。物語が行列に物語的な緊張を与える。行列は物語に含まれる特別な一節を**舞台上で上演するように**提示する。舞台美術《セノグラフィ》が行列を際立たせる。その物語性ゆえに、行列には**固有の時間**が内在している。それゆえ、行列のprocedereを加速させることは不可能であり、また無意味でもある。物語はけっして**加算**ではない。それに対して、処理装置のprocedereには物語性がまったくない。処理装置がなすことには**図像がなく**、シーンがない。行列とは反対に、処理装置はなにも物語《エアツェーレン》ることはない。それは**数える**《ツェーレン》だけである。数は剥き出しである。同じくラテン語のprocedereに由来する**プロセス**も、その機能性ゆえにすでに、物語性に乏しい。この点で、プロセスは**振付**《コレオグラフィ》や**舞台美術**《セノグラフィ》を必要とする物語の進行とは異なる。それに対して、特定の機能が割り当てられたプロセスは、統制とマネージメントの対象にすぎない。「もはや舞台が存在せず、すべてが逃れようもなく透明になる」[69]とき、社会は猥褻になる。

巡礼は、最終目的地まで来たとき、しばしば行列のかたちをとる。厳密な意味での**完結**とはひとつの物語の内部でのみ可能なものである。物語が取り去られ儀式が取り払われた世界では、終わりというのは苦痛と混乱をもたらす**中断**にすぎない。物語という枠のなかでのみ、終わりは完成として**立ち現れる**ことができる。物語的な仮象がまったくなければ、終わりとはつねに、絶対的な喪失であり絶対的な欠落である。処理装置には物語などまったくない。それゆえ、処理装置は**完結**することができない。巡礼は物語的な出来事である。こうした理由ゆえに、巡礼の道のりとは、できるかぎり速く通り抜けることが大事であるような通路などではけっしてない。そうではなくむしろ、それは意味《セマンティクス》を豊かに含んだ道である。道行きの途中は、贖罪や治癒や感謝といった意味を帯びている。この物語性ゆえに、巡礼という行為を加速させることはできない。さらに加えて、巡礼の道のりとは**かの地**への移行である。巡礼者は時間的に、救いが待ち望まれている未来への途中にいる。この意味で巡礼者はけっして観光客ではない。観光客は現在に、いまこの場所にとどまる。観光客はほんとうの意味で

途中にいるわけではない。観光の道のりには固有の意義深さなどまったくない。なぜなら、途中の道は**見る価値のあるもの**ではないからである。観光客にとって、道のりに含まれる豊かな意味や物語性は無縁である。道は物語を物語る力を失い、空虚な通路になる。こうした意味論的な貧困化は、つまり空間と時間の物語性がなくなることは、猥褻である。障害や移行のかたちをとる否定性は物語的な緊張の構成要素である。透明性の強制は境界や敷居をすべて撤去してしまう。空間は、平らに均されてなめらかにされ、内面的なものが取り払われると、透明になる。透明な空間には意味が乏しい。意味は敷居と移行を通して、それどころか抵抗を通して、はじめて成立する。子どもがはじめて空間を経験するのも、敷居をまたぐ経験である。敷居と移行は、秘密・不確実さ・変容・死・恐れの領域であるが、憧れ・希望・期待の領域でもある。敷居と移行の否定性は**情動のトポロジー**をつくりだす。

物語は選択する。物語の道筋は狭く、ある一定の出来事しか受け入れられない。それによって、物語は肯定的なものの異常増殖と群衆化を防ぐ。こんにちの社会の特徴である肯定性の過剰は、社会から物語性がなくなっているということを示している。記憶もまたこうした事態に影響を受けている。記憶の物語性が、記憶をただ加算的に作動し集積するだけのメモリから区別する。記憶の痕跡は、その歴史性ゆえにつねに配列変えや書き換えを被っている。[70] 記憶の痕跡とは反対に、メモリに保存されたデータは**同一**のままであり続ける。こんにちでは、記憶は実定《ポジティブ》［肯定］化されてごみとデータの山になっている。すなわち、「がらくたの山」ないしは「ありとあらゆるところから大量にかきあつめられ、まったく整理もされず雑然と放置されたイメージや使い古しのシンボルがいっぱいにつまった貯蔵庫」[71]になっているのである。がらくたの山にあるものはただ並べられているだけであって、**積み重なって層をなしている**《ゲシヒテット》わけではない。それゆえ、がらくたの山には歴史《ゲシヒテ》がない。がらくたの山は想起されることも忘却されることもありえない。

透明性の強制は事物の香りを、時間の香りを消し去る。透明性は香らない。定義されていないようなものをもはやなにひとつ許容しない透明なコミュニケーションは猥褻である。直接的な反応や発散もまた猥褻である。プルーストにとって、「直接の享受」は美に届かない。あるものごとの美しさは「ずいぶん後になってからようやく」、それとは別のものごとに照らされて**回想**として現れる。[31] 美しいのは、スペクタクルの即座の華やかさや直接的な刺激ではなく、静かな**残光**であり、**時間の燐光**である。出来事や刺激が即座に連続して起きたところで、それは美の時間性ではない。美とは**生徒**であり、**遅れてくるもの**である。事物は、あとになってからようやくその香りを放つ美の本質をあらわにする。その本質をかたちづくるのは、燐光を放つ時間的な層と堆積である。**透明性は燐光を発しない**。

こんにちの時間の危機は、加速ではなく時間上の散漫と解離である。時間的な同期不全により時間は方向性もなく飛び交い、原子化されて個々の点となった現在のたんなる連続に堕してしまう。それによって時間は加算的になり、物語性が皆無になる。**原子は香らない**。比喩的言辞を凝らした魅惑や物語的な重力がなければ、原子は香りを放つ分子にはなりえないのである。複雑な物語を孕んだ造形物からのみ香りはあふれ出る。加速そのものがほんとうの問題を提示しているわけではないのだから、問題の解決は加速を止めることにはない。加速を止めるだけでは拍節やリズムや香りはけっして生まれない。加速を止めても**空虚への崩壊**は止まらないのである。

【訳注】

（29）『存在と無』第三部第三章Ⅱ「他者に対する第二の態度──無関心、欲望、憎悪、サディズム」を参照。「身体から完全にその行為という衣服を脱がせ、その肉体の惰性を顕示するようなもろもろの姿勢を、身体が採りいれるときに、猥褻があらわれる。裸体や背中を見せることが猥褻なのではない。むしろ、歩いている人が尻を無意識に左右に振ることの方が、猥褻である。というのも、その場合には、歩いている人の内で行為の状態にあるのは両脚だけであり、尻は両脚によってはこばれていくひとつの孤立したクッションであって、その揺れかたはまったく重力の法則に従っているように見えるからである。この尻は、状況によって理由づけられえないであろう。反対に、この尻は、あらゆる状況を完全に破壊するものである。というのも、この尻は、事物のもつ受動性をもっているからであり、一箇の事物のように両脚によってはこばれていくからである。ついに、この尻は、理由づけられえない事実性としてあらわになる。この尻は、あらゆる偶然的な存在と同様、《余計なもの》である。〔…〕顕示されたこの肉体が、性的欲望をおこしていない何びとかに対してその人の欲望をそそることなしに、あらわになるとき、この肉体は、特に猥褻である」（ジャン＝ポール・サルトル『存在と無──現象学的存在論の試み　Ⅱ』松浪信三郎訳、筑摩書房、二〇〇七年、四六一―四六二頁）。

（30）「概念的に把握する思考にあって、否定的なものは内容そのものにぞくしている」（G・W・F・ヘーゲル『精神現象学　上』熊野純彦訳、筑摩書房、二〇一八年、一〇四頁）。また、ヘーゲルによれば、自然的な意識がみずからの知の非実在性を示していく過程は当の意識にとって「自己自身を喪失する」という「否定的な意義」をもつとされ（同書、一三七頁）、なおかつこの否定は一定の内容をもつ否定であるため、そこから意識の新しい形態への移行が成り立つ。この意識の変容と新たな対象の出現が「経験」と呼ばれる。「このような弁証法的な運動を、意識はじぶん自身にそくして、みずからの知にかんしても、その対象をめぐっても遂行する。この運動が、そこから意識にとってあらたな真の対象が出現するかぎり、ほんらい経験と呼ばれるものにほかならない」（同書、一五〇頁）。

(31) プルーストの『失われた時を求めて』最終篇『見出された時』の、ゲルマント大公邸で「私」が無意識的記憶現象を考察しつつ文学論を思いめぐらす場面が念頭にある。「そう考えると、私がプチット・マドレーヌの味を意識せずしてそれと認めたとき、私自身の死にかんする不安が跡形もなく消失したのは、そのときの私が時間を超えた存在、それゆえ将来の有為転変などを気にしない存在になっていたからだとわかる。その存在は、さまざまなもののエッセンスでのみ生きているが、そのエッセンスは現在のなかでは捉えることができない。〔…〕そのような存在が私のもとへやって来て、そのすがたをあらわすのは、けっして行動したりなにかを直接に享受したりするときではなく、なんらかの類推の奇跡が私を現在から抜け出させてくれるときに限られていた。その存在のみが、私に昔の日々を、失われた時を見出させる力を持っていたのであり、それを見出すことに私の記憶や知性はいくら努力してもつねに失敗ばかりしていたのである」（プルースト『失われた時を求めて　13（見出された時　1）』吉川一義訳、岩波書店、二〇一八年、四四一頁）。「また真実がはじまるのは、〔…〕作家がふたつの感覚に共通する特質を関連づけ、時間の偶然性から抜け出させるために両者をひとつのメタファーのなかに結びつけて両者に共通するエッセンスをとり出すときだけである。この観点からすると、自然そのものもまた私を芸術の道へ進むよう促したのではあるまいか？　自然自体がそもそも芸術のはじまりではあるまいか？　こんなことを言うのも自然は、ある事物の美しさを、しばしばずいぶん後になってから、べつの事物のなかでのみ、ようやく私に教えてくれたからである」（同書、四七八頁）。また、本文で用いられている「時間の香り（Duft der Zeit）」という表現もプルーストの同じ箇所に由来する。「一時間はただの一時間ではなく、さまざまな香りや音や計画や気候などで満たされた壺である」（同書、四七七頁）。この表現をタイトルに掲げたハンの著作『時間の香り』の「香る時間の結晶（Duftendes Zeitkristall）」と題された章ではより詳細にプルーストが論じられている（Duft der Zeit. Ein philosophischer Essay zur Kunst des Verweilens. Bielefeld: Transcript, 2009）。

親密社会

一八世紀の世界は世界劇場〔theatrum mundi〕(32)である。公的空間は舞台に等しい。**舞台上で成り立つ距離**は身体と魂が直接に接触することを妨げる。**演劇的なもの**は**触覚的なもの**と対立する。人びとは儀礼的な形式や記号を介してコミュニケーションをとるのであって、そうしたことが**魂**を解放する。近代になると、演劇的な距離は親密さのためにしだいに放棄されていく。リチャード・セネットはこの点に、「自己の外側のイメージによって演じ、それに感情を投入する」[72]能力を人びとから奪ってしまう致命的な発展を見出している。形式化・慣習化・儀礼化は表現力を排除しない。劇場とはさまざまな表現が生じる場所である。しかし、こうした表現は客観的な感情であって、心理的な内面性の表明などではけっしてない。それゆえ、こうした表現は**叙述さ**

れる〔*dargestellt*〕のであって**展示される**〔*ausgestellt*〕のではない。こんにちの世界は、行為と感情が**叙述され読解される劇場**ではなく、親密さが展示され販売され消費される**市場**である。劇場が**叙述**の場所であるのに対して、市場は**展示**の場所である。こうして、こんにちでは劇場的な**叙述**がポルノグラフィックな**展示**に屈している。

セネットの仮説はこうである。「演劇的であることは、親密さに対してある特別な、さらに言えば敵対的な関係にあり、強力な公的生活に対してはある同じくらいに特別な、しかし友好的な関係にある[73]」。親密さの文化には客観的で公共的な世界の崩壊が伴う。この客観的で公共的な世界はけっして親密な感覚や体験の対象ではないのである。親密さのイデオロギーによれば、社会関係が個人の内面の心理的欲求に近づくほど、その社会関係はより現実的で本物で信用できる真正な関係であるとされる。親密さとは**透明性を心理学的に言い表した定式**である。親密な感情や情動を開示し、魂を剥き出しにすることで、魂の透明性を達成できると考えられているのだ。

ソーシャルメディアやパーソナライズされた検索エンジンは、インターネットのなかに絶対的な**近隣空間**を構築する。[33] このなかでは**外部**が排除されてしまっている。そこでは人は、自分自身や自分に似た者にしか出会わない。否定性などもはやまったく存在しない。この否定性こそが変革を可能にするのであろうが。こうした**デジタルな近隣性**がユーザーに提供するのは、当のユーザーの**気に入る**世界の切り抜きにすぎない。かくして、デジタルな近隣性は公共性を、公共的な意識を、それどころか**批判的な**意識を解体し、世界を私秘化する。インターネットは親密領域や快適地帯に変化する。遠さがまったく取り除かれた近さというのもまた透明性の表現形式である。

親密さの専制によってすべてが心理学化されパーソナライズされる。政治もまた親密さの専制を逃れることができない。それゆえに政治家はその行為では評価されない。むしろ、一般的な関心は政治家の人柄に向けられている。このことが政治家に、みずからを演出しなければという強迫をもたらすのである。公共性が喪失したあとに残された空虚のなかに、親密さとプライバシーが注ぎ込まれる。公共性の場所に人格〔Person〕の公開が現れる。公共性はそれによってひとつの展示空間になる。公共性は共同行為の空間からますます遠ざかる。

人格（ラテン語でpersona）とはもともとは仮面を意味する。人格は、その人格を通して鳴り響く（*per-sonare*）声に、ひとつの性格を、それどころかひとつの形式と形態を与える。開示と露出の社会としての透明社会はいかなるかたちの仮面にも、いかなる**仮象**にも逆らって作動する。社会からしだいに儀式や物語が奪われていくと、それによってもまた、社会はその**仮象形式**を失い、そうして剝き出しになる。遊びと儀式にとって決定的なのは客観的なルールであって、主観的で心理的な状態ではない。他人と遊ぶ者は遊びの客観的なルールにしたがう。遊びの社交性は、おたがいに自分自身をあらわにし合うことに由来するのではない。むしろ、人はたがいに距離を保つときに社交的になるのである。それに対して、親密さは距離を破壊する。

親密社会は儀式化された身振りや儀礼的に形式化されたふるまいを信用しない。そうした身振りやふるまいは、親密社会には外的であり真正でないように見える。儀式とは、脱個人化、脱人格化、脱心理学化するようにはたらく外在化された表現形式から発する行為である。儀式に参加する人びとは、必ずしも**自分自身**を見せびらかしたり露出させたりするわけではないにもかかわらず「表現豊か**である**」[74]。親密社会は心理学化され脱儀式化された社会である。親密社会とは、告白と露出とポルノグラフィックななれなれしさからなる社会なのである。

親密さは感情的で主観的な情動のために客観的な遊び空間［余地］を根絶する。儀式や儀礼の空間では客観的な記号が循環する。儀式や儀礼の空間をナルシシズム的に所有することはできない。儀式や儀礼の空間はある点では**空虚で不在**である。ナルシシズムが表わしているのは、距離を欠いた**自分自身に対する親密さ**の表現であり、すなわち自分との距離が欠けていることの表現である(34)。親密社会に住んでいるのは、舞台上の距離化の能力がまったく欠けているナルシストの親密主体である。このことについて、セネットはつぎのように書いている。「ナルシシストはさまざまな経験に飢えているのではない。ナルシシストが欲しているのは体験することである――自分が前にしているもののなかに自分自身を体験することを欲しているのである。それゆえに、ナルシシストはあらゆる相互行為と場面の価値を切り下げる」[75]。セネットによれば、ナルシシズムの障害が増大しているのは、「こんにちの社会がその内的な表現プロセスを心理的に組織し、一個人の自己の境界の外側で意味のある社会的な相互行為がなされているという感覚を損なっているからである」〔『公共性の喪失』一二三頁〕。親密社会は、人が**自己から**逃れ**自己を**失う儀式的・儀礼的記号を取り除く。経験において人は**他者**に出会う。それに対して、体験において人はもっぱら**自分自身**に出会う。ナルシシズムの主体は**自分自身の境界を画することができない**。みずからの現存在の境界はぼやけてしまう。それによって、安定した自己像もまったく成立しなくなる。ナルシシズムの主体は自分自身とあまりにも溶け合ってしまっているので、**自分自身と戯れることが**できない。抑鬱的になったナルシシストは境界なき**自分自身との親密さ**のなかで溺れる。いかなる**空虚**も**不在**もナルシシストを自分自身から遠ざけはしない。

【訳注】

(32)「世界劇場（theatrum mundi）」とは、世界を劇場ととらえ、人間をそこで悲喜劇を演じる役者と見なす考えかた。その起源は、人間を神の操り人形ととらえたプラトンにまでさかのぼる（『法律』六四四D—六四五A）。本章でハンが参照しているセネットの文脈では、人間社会の理解のしかたとしての「世界劇場」は、演技と結びついた状況下での信頼の創出、人間性と社会的行為の分離、仮面としての役割という三つの点で道徳的目的に役立ってきたとされる（セネット『公共性の喪失』五九―六〇頁）。

（33）ハンがここで問題視しているパーソナライズされたインターネット空間は、「フィルターバブル」などとも呼ばれる（イーライ・パリサー『フィルターバブル――インターネットが隠していること』井口耕二訳、早川書房、二〇一六年）。また、たとえばキャス・サンスティーンは、ここでの議論に関連して、インターネット上で個人の検索履歴や閲覧履歴などの情報を用いて行われるフィルタリングに三つの問題を指摘している（キャス・サンスティーン『#リパブリック――インターネットは民主主義になにをもたらすのか』伊達尚美訳、勁草書房、二〇一八年、七八―七九頁参照）。第一に、フィルタリングによってユーザーは特定のコミュニティ内部のみで言葉を交わすようになり、その結果、異なる共同体間の相互理解が難しくなり、過激思想やヘイト思想も生まれやすくなる（断片化の問題）。第二に、断片化されそれぞれで閉じたコミュニティのあいだでは、当然情報のやり取りも起きにくい。しかし、情報とは、誰かが何かを知ればほかの人もその利益に預かる可能性があるという点において公共財であり、個人ごとにインターネット環境がカスタマイズされる状況では、こうした公共財としての情報が生まれない危険がある（公共財としての情報の枯渇の問題）。第三に、こうしたフィルタリングによって、自由を個人の無制限な選択に還元してしまう（不十分な自由理解の問題）。

(34)自分との距離と子どものゲームのルールの関係について、ハン自身が参照するセネットは二つの点を指摘している。第一に、ルールはゲームに勝つことを遅延させる。ゲームに勝つためにルールを破ることはゲームそのものを損なうのであり、ルールに忠実であることによって、ゲームに参加する子どもは相手を支配することによる直接的な快感から遠ざけられる。第二に、ルールは子どもたちの技術的・肉体的な不平等を調節するために変更されることがある。これもやはりゲームを即座に終わらせるのではなく長引かせるための措置であり、それによって子どもたちは直接的な自己主張から遠ざけられる(『公共性の喪失』四四二―四四三頁)。こうした点から、セネットはディドロの理論を参照しつつ、子どもが自分との距離のある遊びを通してルールを何度でも変更しコントロールできることを学ぶことを指摘する。ここに感情の提示や表現のしかたを学習する発端があるとされる(『公共性の喪失』四四六頁)。

情報社会

プラトンの洞窟は、より詳しく見ると、奇妙なことに劇場のような構造をしている。この洞窟にとらえられている囚人たちは劇場の観客のように舞台の前に座っている。囚人たちとその背後にある火のあいだには道が通っており、その道に沿って低い壁が立っている。この壁は、「奇術師が観客の前に立ててその上から手品を見せる」[76]衝立に似ている。その壁に沿って、木や石でできたさまざまな道具や像の列やそのほかのかたちをしたものが、壁の上に掲げられて運ばれて通り過ぎていき、囚人たちが縛られたまま見ている壁に影を投げかける。そうした道具や像を運んでいく人のなかには、声を出す者もいるし、黙っている者もいる。囚人たちは向きを変えることができないので、影そのものが声を出していると考える。すなわち、プラトンの洞窟はある種の影絵劇場である。壁に影を投げかけている対象は世界の実在の事物ではなく、すべて劇場の人形であり小道具である。それどころか、現実の事物の影や反映は洞窟の外にしか存在しない。洞窟から無理やり光の世界へと連れ出された人について、プラトンはこう述べている。「だから、思うに、上方の世界の事物を見ようとするならば、慣れというものがどうしても必要だろう。――まず最初に影を見れば、いちばん楽に見えるだろうし、つぎには、水にうつる人間その他の映像を見て、後になってから、その実物を直接見るようにすればよい」[77]。洞窟のなかで縛られている人が見ているのは現実世界の影絵ではない。そこではむしろ、ひとつの劇が上演されているのだ。火というのもまた**人工の光**である。囚人たちはじつのところ、**舞台**に、**舞台上の幻想**に**縛られている**のである。囚人たちはひとつの**遊び**に、ひとつの**物語**に没入する。プラトンの洞窟の比喩が提示しているのは、よく解釈されるように二つの異なる認識のかたちではなく、二つの異なる生のかたち、すなわち物語的な生のかたちと認知的な生のかたちである。プラトンの洞窟は劇場である。洞窟の比喩では、**物語の世界**としての劇場は**認識の世界**に対置される。

洞窟のなかの火は人工の光として舞台上の幻想をもたらす。人工の光は**仮象**を生じさせる。それゆえ、人口の光は**真理**の媒体としての自然の光とは異なる。プラトンにおいて光は強く**方向づけられている**。光はその**源泉**である太陽からあふれ出る。存在するすべてのものは善のイデアとしての太陽に向かって秩序づけられている。善のイデアは「存在の彼岸」にさえある超越をかたちづくる。それゆえ、善のイデアは「神」とも呼ばれる。存在するものはその真理をこの超越に負っている。プラトンの言う太陽の光はヒエラルキーを形成している。それは、たんなる模造の世界から感覚的に知覚可能な事物、そしてさまざまなイデアからなる叡知界にいたる、認識にかんする段階を築き上げるのである。

プラトンの洞窟は物語的な世界である。そこで事物は因果的に連鎖するわけではない。むしろ、事物は事物や記号をたがいに物語的に連鎖させる劇作術《ドラマトゥルギー》と舞台美術《セノグラフィ》にしたがう。真理の光は世界を**脱物語化する**。太陽は仮象を跡形もなく消し去る。模倣《ミメーシス》と変容《メタモルフォーゼ》による遊戯は、**真理をめぐる労苦**に道を譲る。プラトンは、確固たる同一性のために、あらゆる変化の気配を非難する。プラトンの模倣批判はまさしく仮象と遊戯に向けられている。プラトンはあらゆる舞台的な叙述を禁じ、さらにはみずからが描き出す真理の国に詩人が入りこむことを拒む。「したがって、思うに、ここにその才能のおかげでどのような人にでもなりすますことができ、あらゆるものを真似ることのできる男がいたとして、もしその男が、自分自身と自分の作品を披露したいと思ってわれわれの国へやってきたとしたならば、われわれはその男の前にひれ伏して、神聖な、驚嘆に値する、楽しい人として敬意を表するだろうが、しかし、われわれのところのこの国にはあなたのような人はいないし、またそもそもいることが許されてもいないのだと言って、その頭に香油をふり注ぎ、羊毛の飾りを冠せてやったうえで、よその国へとお引取り願うだろう〔…〕」[78]。透明社会もまた**詩人のいない社会**である。それは誘惑と変容のない社会なのである。まさしく詩人こそが、舞台上の幻想や仮象形式や儀式的で儀礼的な記号をつくりだし、過剰に現実的《ハイパーリアル》で剥き出しな事実《ファクト》に対して、**人工の事実**《アーティファクト》**と反事実**《アンチファクト》を対置させるのだ。

古代から中世を経て啓蒙の時代まで哲学と神学の議論を支配していた光の比喩は、強い**指示性**《レフェレンツ》を示す。光はある**源泉**ないし**根源**から放出される。光とは、神や理性のような、義務づけ禁止し約束する審級の媒体なのである。それゆえ、光は両極化するように作用し対立をもたらす**否定性**を展開させる。光と闇は根が同じである。光と影は一体である。善が定まるとともに悪も定まる。理性の光と非合理的なものやたんなる感覚的なものの暗がりはおたがいに他方をつくりだしあう。

プラトンが描く真理の世界とは反対に、こんにちの透明社会には、**形而上学的な緊張**を内に含んだ神的な光がない。**透明性には超越がない**。透明社会は**光なしに見通すことができる**。透明社会は、超越的な源泉から放出される光によって照らされてはいない。透明性は周囲を照らす光源によって成立するのではない。透明性の媒体は光ではない。**周囲を照らす**ことなくあらゆるものに浸透しあらゆるものを透明にする**光なき放射**こそが透明性の媒体なのだ。光とは反対に、光なき放射はあらゆるものに浸透《ペネトラント》し侵入《ペネトリーレント》する。それは均質化し平板化する作用がきわめて強い。それに対して、形而上学的な光はヒエラルキーと区別を生み出し、それによって秩序と方向づけをもたらす。透明社会は情報社会である。情報には否定性がまったく欠けているのであって、そのかぎりで情報は**それ自体として**透明性の現れである。情報とは実定《ポジティブ》［肯定］化され定められた手順にのっとって用いられる言語である。ハイデガーならそれを「総かり立て体制［Ge-Stell］」の言語と呼ぶだろう。「語るという活動は現に存在しているものをどう処分し処理しうるか、あらゆる方向に向かって、その問いに応答することを挑まれていることになるのです。こういう立場に立つようになると、言葉を用いる活動は情報ということになります」[79]。情報は人間の言語を**立てる**《シュテルン》。ハイデガーは「総かり立て体制《ゲ・シュテル》」を支配することという点から考えている。したがって、呼ぶこと《ベシュテルン》、表象すること《フォアシュテルン》、生産すること《ヘアシュテルン》といった立てること《シュテルン》のとるさまざまな言語的形象は、権力と支配の言語的形象である。呼ぶことは存在するものを**立てて**徴用物資［Bestand］にする。表象することは存在するものを**立てて**対象［Gegenstand］にする[35]。しかし、ハイデガーの「総かり立て体制」は、ほかならぬ**こんにちに**こそ特徴的な立てることの形式をとらえていない。展示すること《アウス・シュテルン》ないし見せびらかすこと《ツァ・シャウ・シュテルン》は権力獲得のためにまず用いられるのではない。求められているのは権力ではなく注目である。その根底にある動因は争い《ポレモス》ではなく**ポルノ**である。権力と注目は異なる。権力をもつ者は他者を**もつ**。それは、注目を求めることを余計なものとするものだ。そしてまた、注目は自動的に権力を生み出すわけではない。

ハイデガーは像〔Bild〕もまた支配の観点からのみ視野に入れている。「像とは〔…〕〈我々は或ることについて事情を心得ている〔wir sind über etwas im Bilde〕〉、という言い方から響き出てくるものを指している。〔…〕〈或ることについての事情をのみこむ〉とは、存在するものそれ自身を、そうなっている状態のままに、みずからの直前に立て、この存在するものをそのように立てられたものとして立て続けにみずからの直前に所有する、という意味である」[80]。像はハイデガーにとって、それを介して存在するものを手に入れて自分のものにする媒体である。この像の理論は、こんにちのメディアを通した像を説明してはくれない。なぜなら、メディアを通した像とはもはや「存在するもの」を表象しない**シミュラークル**[36]であるからだ。メディアを通した像の基礎にあるのは、存在するものを「みずからの直前に立て、そのように立てられたものとして立て続けにみずからの直前に所有する」ことではない。メディアを通した像は、指示対象がないシミュラークルとして、いわば**固有の生**を営む。それは権力と支配の及ばないところでも**増殖する**。言ってみれば、メディアを通した像は「存在するもの」**よりもしっかり存在しており生き生きとしている**。マルチメディアを通した大量の情報やコミュニケーションは「総かり立て体制《ゲ・シュテル》」というよりもむしろ**総ごた混ぜ体制**〔*Ge-Menge*〕である。[81]

透明社会には真理がないだけでなく仮象もない。真理も仮象も透明ではない。完全に透明なのは**空虚**だけである。この空虚を追い払うために大量の情報が塊となって流される。情報や像の塊が充満していても、この充満のなかでさらに空虚は表面化する。情報やコミュニケーションがより多くなったところで、それだけでは世界に**光を当てて明るい状態にする**〔*erhellen*〕ことはない。すみずみまで見通せる状態〔Durchsichtigkeit〕であっても、明るい光のもとで物事を鋭く洞察する状態である〔hellsichtig〕ことができるようになるわけではない。情報の塊は**真理**をもたらさない。より多くの情報が放出されるほど世界は雑然となる。過剰な情報と過剰なコミュニケーションは暗闇にいかなる**光**も当てない。

【訳注】

（35）ハイデガーの一九五三年の講演「技術とは何だろうか」を参照。「総かり立て体制とは、人間をかり立てる、すなわち徴用して立てるという仕方で現実的なものを徴用物資として顕現させるよう挑発する、かのかり立てるはたらきを取り集めるもののことです。総かり立て体制とは、現代技術の本質において支配をふるっていながら、それ自身は技術的なものではない、顕現させる仕方のことなのです」（マルティン・ハイデガー「技術とは何だろうか」、『技術とは何だろうか——三つの講演』森一郎編訳、講談社、二〇一九年所収、一二二頁）。

（36）「シミュラークル」はボードリヤールの用語。ボードリヤールは『象徴交換と死』（一九七六年）でシミュラークルの歴史的発展の三段階を区別し、第三段階である現代では、「オリジナルかそのコピーか」という二項対立を無効にする記号としてのシミュラークルが出現していると主張した。ハンがここで書いているように、シミュラークルはもはやオリジナルを前提としたコピーではなく、さらにはオリジナルの存在を隠蔽するコピーでもないため、表象したり指示したりする対象がない。

暴露社会

一八世紀はある意味で、現代と似ているところがあった。一八世紀には、暴露と透明性のパトスはすでにおなじみのものだったのである。ジャン・スタロバンスキーは、ルソーについての研究書のなかでつぎのように書いている。「外観の虚偽というテーマは、一七四八年においては、まったく独創的なものではない。演劇においても、教会においても、小説や新聞のなかにおいても、各人がそれぞれのやりかたで、見せかけ、因襲、偽善、仮面などを告発している。さらに論争や風刺文学などの言葉においても、**ヴェールを取りのける、仮面をはぐ**という語ほどしばしば繰返されているものはないのである」[82]。ジャン＝ジャック・ルソーの『告白』は、真理と告白の時代の始まりの特徴をよく表している。『告白』の冒頭にすでにあるように、彼はひとりの人間を「まったくの自然の真理（toute la vérité de la nature）」のままで示そうとしているとされる。彼のまったく「類例のない」とされている「企て」は、「心」を容赦なく開示することに向けられている。ルソーは神にかけて断言する。「私は自分の過去をありのままに示しました。［…］私は、あなた自身が自分の内面を見たのと同じように、私の内面（mon intérieur）をさらけ出しました」[83]。彼の心は水晶のように透明（transparent comme le cristal）でなければならない[84]。**水晶のような心**というのは彼の思想の根本にある比喩である。「水晶のように透明な彼の心は、そのなかで生起するものをなにひとつ隠せないのです。心に動きが生じるたびに眼と表情に伝わります」[85]。求められているのは「心の開示」であり、「それによって、あらゆる感覚やあらゆる考えを共有し、そうして各自が、あるべき自分のありかたであると感じつつ、あるがままのありかたをすべてのひとに示す」[86]。ルソーは同胞に呼びかけて、みずからの心を「同じくらい率直に」「暴露する」よう呼びかける。ここにルソーの**心の独裁**がある。

ルソーの透明性の要求はひとつのパラダイム転換を告げ知らせている。一八世紀の世界はまだひとつの劇場だった。それは舞台と仮面と役柄で満ちていた。流行そのものが劇場的だった。道行く人びとの衣服と劇場での衣装のあいだに本質的な違いはなかった。仮面も流行した。人びとはまさしく舞台に恋い焦がれ、舞台上の幻想に没入した。婦人の髪形（pouf〔プフ、ルイ一六世時代に流行した、高く飾り立てた婦人の髪型〕）は歴史的な出来事（pouf à la circonstance〔伝記風プフ〕）か感情（pouf au sentiment〔愛着プフ〕）を示す**舞台**になった。舞台の上演のために磁器人形までもが髪に編み込まれた。ひとつの庭全体やら帆にいっぱい風を受けた一隻の船やらが頭の上に乗せられた。男性も女性も自分の顔の一部を化粧品で赤く塗っていた。顔そのものが、つけぼくろ（mouche）を施してある特定の性格をもった役柄を演じる舞台になった。たとえば、つけぼくろが目の隅につけられると、それは情熱的であることを意味した。下唇に置かれると、それはその人があけすけな性格であることを示した。身体も舞台が上演される場所だった。そこで重要なのは、隠された「内面」(l'intérieur)を——それどころか「心」を——混じりけなしに表現することではなかった。むしろ、仮象と戯れること、舞台上の幻想と**戯れる**ことが重要だった。身体は、飾りをつけて扮装し記号と意味で飾り立てる必要のある、**魂のない**マネキン人形だった。

ルソーが、仮面を身につけ役を演じて戯れることに対置するのは、心と真理をみずから語ることである。それゆえ、彼はジュネーブに劇場を建設する計画を激しく批判する。劇場とは「にせ者になる技術、自分の性格とは別の性格を装う技術、じっさいの自分とはちがう者に見えるようにする技術、冷静に熱狂し、考えていることとは別のことを、ほんとうにそう考えているかのように自然な態度で述べ、そして最後に、他人の立場に立つことによって自分自身の立場を忘れる術[87]」である、というわけだ。劇場は、いかなる透明性もない場所、偽りと仮象と誘惑の場所として非難される。表現はポーズであってはならず、透明な心の反映でなければならないのである。

ルソーの考えにすでに、全面的な透明性を求める道徳は必ず専制に転ずるということが見て取れる。あらゆるヴェールを剝ぎ取り、すべてを白日のもとに晒し、いかなる暗闇をも取り除こうとする透明性という勇ましいプロジェクトは暴力という結果をもたらす。劇場と模倣の禁止ということだけでも——プラトンはすでにみずからの思い描く理想国家のためにこれを命じていたのだが――ルソーの描く透明社会は全体主義的な特徴を帯びている。ルソーがより規模の小さい町を好むのも、そこでは「個人は、いつも公衆の眼にさらされていて、お互いに生まれながらの風紀監察者というわけで、警察もまたすべての人を容易に監督できる」[88]からだ。ルソーの透明社会は全面的な管理と監視の社会であることが明らかになる。ルソーが掲げる透明性の要求は先鋭化してつぎのような定言命法と化す。「道徳の掟で、それひとつがあればほかのすべての代わりとなりうる掟があります。それは、世界中のみんなに見られたくない、聞かれたくないことは、なにひとつしてはならないし言ってはならない、という掟です。私としては、家のなかのふるまいがすべて人から見られるように家を建てたいと思っていたあのローマ人を、もっとも尊敬すべき人といつも考えていました」[89]。

ルソーが掲げる心の透明性の要求は**道徳的な**命法である。外からなかの様子が見える家に住んでいたローマ人[37]もある**道徳的な**格率に、すなわち「道徳の掟」にしたがっている。「屋根、壁、窓、扉をそなえた完全な家」はこんにちではいずれにせよ「物質的・非物質的なケーブル」によって「穴だらけにされて」いる。こんにちの家は朽ち果てて「コミュニケーションの風が隙間から吹きすさぶ廃墟」になっている。[90] コミュニケーションと情報の**デジタルな風**はあらゆるものを貫通しあらゆるものを透明にする。このデジタルな風は透明社会を吹き抜けていく。しかし、透明性の媒体としてのデジタル・ネットは**道徳的な**命法になどまったく従わない。デジタル・ネットにはいわば、伝統的には真理の神学的・形而上学的な媒体であった**心**がないのである。デジタルな透明性は心電図《カルジオグラフィ》的ではなくポルノグラフィ的である。デジタルな透明性は経済的なパノプティコンをもたらす。追求されるのは心の道徳的な純化ではなく、最大の利益と最大の注目である。すなわち、くまなく照らすことによって、**最大の収益**が約束されるのだ。

【訳注】

(37) 引用されている『新エロイーズ』で言及されている「ローマ人」はリウィウス・ドルススのこと。ドルススは前九一年にローマの護民官としてさまざまな改革に取り組んだが、反対者により暗殺された。このエピソードはモンテーニュ『エセー』第三巻第二章に見られ(『エセー(五)』原二郎訳、岩波書店、四三頁)、その出典はさらにプルタルコス『モラリア』にさかのぼる（「政治家になるための教訓集」）。「護民官リウィウス・ドルススが大いに評判を高めたのも当然だ。彼の家は隣近所から丸見えのところがたくさんあって、ある大工がたった五タラントンでそれらの向きを変え、配置を変えると約束した。ドルススはそれに応えて言った。「一〇タラントンを受け取って家全体をことごとく丸見えにしてくれ。そうなれば私の日常の有様が市民たちにすべて見てもらえるというものだ」。実際、彼は節度の人で、規則正しい生活をしていた。おそらくは、そのような丸見えにすることなど無用だっただろう。なぜならば、大衆というものは、公的生活に関わる人たちの性格、心に期していること、行動、生活振りといったものを、深々とたっぷり厚着をしているように見える人たちの場合でさえも、ちゃんと見通してしまうからだ」（プルタルコス『モラリア　9』伊藤照夫訳、京都大学学術出版会、二〇一一年、一九八―一九九頁）。

管理社会

「私たちは遠近法的空間およびパノプティコンの終焉を体験している」。ボードリヤールは一九七八年に「シミュラークルの先行」のなかでこう書いている。[91] ボードリヤールは自分のテーゼを、テレビというメディアを出発点にしてさらに展開している。「テレビの眼はもはや絶対的な視線の出発点ではなく、透明性はもはや管理の理想ではない。客観的な空間（ルネッサンスの空間）では、透明性はまだ専制的な視線の万能さの前提だった」。[92] 当時のボードリヤールはデジタルなネットワーク化など知る由もなかった。こんにちでは、ボードリヤールの時代診断に反して、つぎのことを断言せざるをえないだろう。すなわち、私たちが目下のところ体験しているのは、パノプティコンの終わりではなく、まったく新しいパノプティコン、**展望する地点を欠いた**

〔*aperspektivisch*〕パノプティコンの始まりである、と。二一世紀のデジタル・パノプティコンは、もはやひとつの中心から、専制的な視線の万能から監視されるのではないのであり、そのかぎりでそれは展望する地点を欠いている。ベンサムのパノプティコンにとって本質的な役割を果たす中心と周縁の区別は、完全に消え去っている。デジタル・パノプティコンには展望の光学はまったく必要ない。この点こそがデジタル・パノプティコンの効率性をなしている。展望する地点をもたずにくまなく照らし尽くすことは、展望する地点のある監視よりも効果的である。なぜなら、そこでは人はあらゆる側面から、あらゆるところから、それどころかあらゆる人から照射されうるからだ。

ベンサムのパノプティコンは規律社会のひとつの現れであり、ひとつの更生施設である。監獄、工場、精神病院、病院、学校はパノプティコンの管理下に置かれる。これらは規律社会の典型的な施設である。管制塔を中心に環状に並べられた独房はたがいに厳格に隔離されているため、入居者はたがいにコミュニケーションをとることができない。隔離壁は、入居者がたがいの姿を見ることもできないように配慮されている。

ベンサムのばあい、入居者は更生という目的のために、孤独の状態にさらされることになる。監視人の視線は独房の隅ずみにまで届くが、その一方で、監視人自身は入居者には見えないままになっている。「ところで、これの要点は、見られないで見るための周知の、最も有効な工夫と結び付いて、監視人の位置が中心にあることなのです[93]」。洗練された技術を用いることで、つねに監視しているという錯覚が生じる。透明性はここでは一方通行的にのみ与えられている。権力構造と支配構造の基礎を与えている展望性はこの点にある。それに対して、展望する地点を欠いたありかたでは、中心的な目——中心的な主体性ないしは主権性——はけっして形成されない。ベンサムのパノプティコンの入居者は、監視人がつねにそこにいるということを意識している。それに対して、デジタル・パノプティコンの住人は、自分が自由であると思いこむのである。

こんにちの管理社会は、ある特殊なパノプティコン的構造を示している。たがいに隔離されたベンサムのパノプティコンの入居者とは反対に、こんにちの管理社会の住人はたがいにネットワークを結び、激しくコミュニケーションする。隔離による孤独ではなく、過剰《ハイパー》なコミュニケーションが透明性を保証するのである。デジタル・パノプティコンの住人は自分自身を見せびらかし、みずから剥き出しになるのだが、それによって、その住人自身がデジタル・パノプティコンの構築と維持に積極的に加担することになる。とりわけこのことが、デジタル・パノプティコンの特殊性である。デジタル・パノプティコンの住人はパノプティコン的な市場で自分自身を展示する。ポルノグラフィックな見せびらかしとパノプティコン的な管理はたがいに移行しあうのだ。露出症と窃視症の栄養源は、デジタル・パノプティコンとしてのインターネットである。管理社会は、その社会で生活する主体が、外的な強制ゆえにではなくみずから生み出した欲求ゆえに剥き出しになるときに完成する。それはすなわち、自分のプライベートな領域や親密な領域を放棄しなければならないという不安よりも、そうした領域を恥ずかしげもなく見せびらかしたいという欲求が優ったときである。

監視技術の絶えざる進歩に直面した未来主義者デイヴィッド・ブリンは、追い詰められた末の反撃として、万人の万人による監視を、つまりは監視の民主化を要求する。ブリンが監視の民主化に期待しているのは「透明な社会」である。かくして、彼はひとつの定言命法を立てる。「他人に向けて照らすことのできる懐中電灯を手に入れられるとして、その代わりに自分の生活を監視にさらし、みずからの秘密がオープンになることに私たちは耐えられるのか」[94]。「透明な社会」というブリンのユートピアは監視の解放にもとづいている。権力関係や支配関係を生み出す非対称な情報の流れはいかなるものであろうとも排除されるべきである、とされる。すなわち、たがいにくまなく照らしあうことが要求されているのである。下層の人が上層の人に監視されるだけでなく、上層の人も下層の人に監視される。あらゆる人があらゆる人を可視性と管理に引き渡す——さらには、プライベートの領域のなかにまで至る。この全面的な監視は「透明な社会」を非人間的な管理社会へと退行させる。だれもがだれかを管理する。

透明性と権力は悪い意味で結託する。権力は秘密のなかに隠れたがる。秘密の実践は権力が用いるさまざまな技術のひとつである。透明性は権力の秘密な領域を解体する。しかし、双方向的な透明性は、つねに監視することによってのみ設立されうるのであって、しかもこの監視はますます極端な形態をとっている。これこそが監視社会の論理である。さらに、全面的な管理は行為の自由を根絶し、最終的には強制的同一化に至る[38]。自由な行為空間をつくり出す信頼は、管理で単純に代替することなどできない。「人びとは自分の支配者を信用し信頼しなければならない。信頼することで人びとは支配者にある種の行為の自由を保証し、そしてつねに吟味し監視することをやめる。こうした自律がなければ支配者は事実上一歩も踏み出すことができない[95]」。

信頼することとは、知ることと知らないこととのあいだの状態でのみ可能である。信頼するとは、他者のことを知らないにもかかわらず、その他者と積極的な関係を構築することである。信頼することによって、不十分な知識しかなくても行為することが可能になるのだ。私が前もってすべてを知っているなら、信頼など必要ない。透明性とは、知らないということがすべて排除されている状態である。透明性が支配しているところには信頼のための空間などない。ほんとうなら、「透明性は信頼をもたらす《シャッフェン》」〔ハンブルク州で二〇一二年一二月に提出された「ハンブルク市透明化法」のための住民発議のスローガン〕ではなく、「透明性は信頼を廃棄する《アプシャッフェン》」と言うべきだろう。透明性の要求は、もはや信頼などまったく存在しないときに、まさにそうしたときにやかましくなる。信頼にもとづく社会では、甲高い声を上げて透明性を要求するなどということはけっして起こらない。透明社会とは、信頼が消えてなくなりつつあるために管理に全幅の信頼を置くようになった、不信と疑念の社会である。声を大にして透明性を要求するということは、社会の道徳的な基礎がもろくなってしまっていること、正直さや誠実さといった道徳的な価値がますます意味を失いつつあることをまさに示しているのだ。もはやなくなりつつある道徳的審級に代わって、透明性が新たな社会的命法として姿を現わす。

透明社会はまさしく能力社会〔Leistungsgesellschaft〕の論理にしたがう。能力主体〔Leistungssubjekt〕は、労働を強制し搾取するような外的な支配審級から自由である。能力主体は自分自身の主人であり自分自身の経営者である。しかし、支配審級がなくなるということは現実の自由と強制なき状態を帰結するわけではない。というのも、能力主体は**自分自身を**搾取するからだ。搾取する者は同時に搾取される者である。ここでは加害者と犠牲者は一致する。自分自身を搾取することは他人を搾取することよりも効率がよい。なぜなら、自分自身を搾取することには、自分は自由だという感情が伴っているからだ。能力主体はみずからが生み出す自由な強制に服従する。この自由の弁証法は管理社会の基礎でもある。自分自身をくまなく照らすことは他人をくまなく照らすことよりも効率がよい。なぜなら、自分自身をくまなく照らすことには、自分は自由だという感情が伴っているからだ。

ベンサムのパノプティコン・プロジェクトはとりわけ**道徳的に**あるいは**生政治的に**動機づけられていた。パノプティコンによる管理に期待できる最初の効果は、ベンサムによれば、「道徳の改善」[96]である。さらなる効果として彼はつぎのものを挙げている――「健康の保持」、「教育の普及」あるいは「救貧法の難問の放棄でなく解決」[97]。こんにちでは、透明性の強制はあからさまに道徳的あるいは生政治的な命法ではまったくない。そうではなくそれはとりわけ、経済的な命法である。みずからをくまなく照らす者はみずからを搾取に委ねる。**くまなく照らすということは搾取するということである**。自分がどのような人物なのかということを過度に露出することが経済的効率性を最大化する。透明な顧客とはデジタル・パノプティコンの新たな入居者であり、それどころか、デジタル・パノプティコンのホモ・サケルなのである(39)。

透明社会では強調した意味でのいかなる**共同体**も形成されない。それぞれに孤立した個人の——あるひとつの共通した関心を追求したり、あるひとつの市場のまわりでグループをつくったりする**複数のエゴ**の——**群衆**ないし**大勢**が生じるにすぎない（ブランド・コミュニティ）。群衆〔Ansammlungen〕は**集会**〔*Versammlungen*〕とは異なる。集会には、共通の政治的行為が——すなわちひとつの**われわれ**〔の形成〕が——できる。群衆には**精神**がない。[98] ブランド・コミュニティのような群衆は内的な濃縮〔innere Verdichtung〕がまったくないままに加算的に形成される。消費者は自発的に、自分の欲求を操作し満足させるパノプティコン的監視に身をゆだねる。ここではソーシャルメディアとパノプティコン的機械にもはや違いはない。コミュニケーションと消費、自由と管理は一致する。生産関係を消費者に開示することは、双方向的な透明性が成り立っているかのような印象を与えるのだが、結局のところそれは**社会的なものの搾取**であることが明らかになる。社会的なものは生産過程の機能的要素にまで格下げされて運用される。社会的なものはとりわけ生産関係の最適化のために用いられる。消費者には一見したところ自由があるように思われるが、そこには否定性が欠けている。消費者が享受しているように思われる自由は、システムの内部を問いただすであろう外部をもはや形成しないのである。

こんにちでは地球全体がパノプティコンへと発展している。パノプティコンの外部はない。パノプティコンは全面的になっている。内部と外部を隔てる壁などない。みずからを自由の空間として提示するグーグルとソーシャルネットワークはパノプティコン的な形態をとる。こんにち、監視は、ふつう考えられているように**自由への攻撃**として遂行されているのではない[99]。むしろ、人びとは**自由意志により**パノプティコンの視線にみずからを引き渡しているのだ。人びとは、みずからを剥き出しにして展示することによって、意図的に**一緒になって**デジタル・パノプティコンの建設に従事する。デジタル・パノプティコンの収容者は犠牲者であると同時に加害者である。この点に自由の弁証法がある。自由は管理であることが明らかになる。

【訳注】

(38) Gleichschaltung については「肯定社会」の章に付した訳注を参照。

(39) 古代ローマでは、親に危害を加えるなどの罪で邪悪であると人民に判定された者は「ホモ・サケル（聖なる人間）」と呼ばれた。「ホモ・サケル」は法律の適用外に置かれ、神々に犠牲として供することができないと同時に、殺人罪に問われることなく殺害することができるとされた。アガンベンは法の外に放り出されたこのような生のありかたを、ベンヤミンの言葉を用いて「剥き出しの生」と呼ぶ。「実のところ、ホモ・サケルは犠牲化不可能でありながら、誰もが殺害することができる。〔…〕今日我々が目にしているのは事実、生そのものが先例のない暴力へと露出されているということである。しかもその露出はまさしく、平俗きわまる、平凡きわまる形でなされている。現代は、ヨーロッパの高速道路で一回の週末に産み出される犠牲者が、一回の戦役で産み出される犠牲者よりも多いという時代である」（ジョルジョ・アガンベン『ホモ・サケル――主権権力と剥き出しの生』高桑和巳訳、以文社、二〇〇三年、一六〇―一六一頁）。ハンはここで、アガンベンの議論を援用しつつ、企業に自発的に個人データを提供してさまざまに管理され監視される「透明な顧客（der transparente Kunde）」もまた経済的な観点から「先例のない暴力へと露出されている」という事態を指摘していると考えられる。

原注

1 Peter Handke, Am Felsfenster morgens, Salzburg 1998, S. 336.

2 ウルリッヒ・シャハトが書き残した二〇一一年六月二三日の日記のメモにこの言葉がある。Ulrich Schacht, Über Schnee und Geschichte, Berlin 2012 を参照。

3 Wilhelm von Humboldt, Über die Verschiedenheit des menschlichen Sprachbaues und ihren Einfluß auf die geistige Entwicklung des Menschengeschlechts, Berlin 1836, S. 64.〔ヴィルヘルム・フォン・フンボルト『言語と精神――カヴィ語研究序説』亀山健吉訳、法政大学出版局、一九八四年、一〇二頁。〕

4 Jean Baudrillard, Die fatalen Strategien. Die Strategie der Täuschung, München 1992, S. 29.〔ジャン・ボードリヤール『宿命の戦略』竹原あき子訳、法政大学出版局、一九九〇年、二八頁。〕

5 Humboldt, Über die Verschiedenheit des menschlichen Sprachbaues, a.a.O., S. 65.〔フンボルト『言語と精神』、一〇二頁。〕

6 Georg Simmel, Soziologie. Untersuchungen über die Formen der Vergesellschaftung, Gesamtausgabe, Bd. 11, Frankfurt a.M. 1992, S. 405.〔ゲオルク・ジンメル『社会学――社会化

の諸形式についての研究』上巻、居安正訳、白水社、新装版二〇一六年、三七〇頁。〕

7 Richard Sennett, Respekt im Zeitalter der Ungleichheit, Berlin 2004, S. 151.

8 Friedrich Nietzsche, Nachgelassene Fragmente Frühjahr-Herbst 1884, Kritische Gesamtausgabe VII.2, Berlin 1973, S. 226.〔ニーチェ『遺された断想（一八八四年春―秋）』（『ニーチェ全集』第二期第七巻）薗田宗人訳、白水社、一九八四年、二九六頁。〕

9 Gerd Gigerenzer, Bauchentscheidungen. Die Intelligenz des Unbewussten und die Macht der Intuition, München 2007〔ゲルト・ギーゲレンツァー『なぜ直感のほうが上手くいくのか？――「無意識の知性」が決めている』小松淳子訳、インターシフト、二〇一〇年〕を参照。

10 Georg Wilhelm Friedrich Hegel, Phänomenologie des Geistes, Hamburg 1952, S. 30.〔G・W・F・ヘーゲル『精神現象学　上』熊野純彦訳、筑摩書房、二〇一八年、六〇頁。〕

11 Friedrich Nietzsche, Jenseits von Gut und Böse, Kritische Gesamtausgabe, VI.2, Berlin 1968, S. 167.〔ニーチェ『善悪の彼岸』（『ニーチェ全集』第二期第二巻）吉村博次訳、白水社、一九八三年、二二九頁（第七章「われらの美徳」二二五節）。〕

12 Alain Badiou, Lob der Liebe, Wien 2011, S. 15.〔アラン・バディウ、ニコラ・トリュオング『愛の世紀』市川崇訳、水声社、二〇一二年、二二頁。〕

13 Baudrillard, Die fatalen Strategien, a.a.O., S. 219.〔ボードリヤール『宿命の戦略』、二三一―二三二頁。〕

14　Carl Schmitt, Römischer Katholizismus und politische Form, Stuttgart 2008, S. 48.〔カール・シュミット「現代議会主義の精神史的状況」樋口陽一訳、『カール・シュミット著作集』第一巻、長尾龍一編、慈学社出版、二〇〇七年、五三―一一八頁所収、七五頁。ハンによる原注ではシュミットの「ローマカトリック教会と政治形態」が挙げられているがこれは誤りであり、ここで参照されているのは「現代議会主義の精神史的状況」である。〕

15　Ebd., S. 47.〔カール・シュミット「ローマカトリック教会と政治形態」小林公訳、『カール・シュミット著作集』第一巻、長尾龍一編、慈学社出版、二〇〇七年、一一九―一五三頁所収、一四九頁。ハンによる原注の参照指示には「同書四七頁（Ebd., S. 47.）」とあるが、前注の参照指示が誤っているため、正確には「同書」ではない。〕

16　Ebd., S. 58.〔この引用に該当する「秘密をもつ勇気（Mut zum Geheimnis）」という表現は指示されている箇所にはない。該当する表現はシュミット自身の著作ではなく、シュミットを扱ったノルベルト・ボルツの研究に見られる。「近代において公開性の光にさらされないものは、それ自体として不法なものとみなされる。それに反して、決断主義的な思想家たちは秘密をもつ勇気を要求する」（Norbert Bolz, Auszug aus der entzauberten Welt. Philosophischer Extremismus zwischen den Weltkriegen, München: Wilhelm Fink, 1989, S. 48〔ノルベルト・ボルツ『批判理論の系譜学――両大戦間の哲学的過激主義』山本尤・大貫敦子訳、法政大学出版局、一九九七年、六五頁〕）。〕

17 Walter Benjamin, Das Kunstwerk im Zeitalter seiner technischen Reproduzierbarkeit, Frankfurt a.M. 1963, S. 21.〔ヴァルター・ベンヤミン『ベンヤミン・アンソロジー』山口裕之編訳、河出書房新社、二〇一一年、三〇八―三〇九頁。〕

18 Ebd., S. 23.〔『ベンヤミン・アンソロジー』、三一〇頁。〕

19 Baudrillard, Die fatalen Strategien, a.a.O., S. 71.〔ボードリヤール『宿命の戦略』、七二頁。〕

20 Roland Barthes, Die helle Kammer. Bemerkung zur Photographie, Frankfurt a.M. 1989, S. 104.〔ロラン・バルト『明るい部屋――写真についての覚書』花輪光訳、みすず書房、一九八五年、一一六頁。〕

21 Ebd., S. 93.〔バルト『明るい部屋』、一〇四頁。〕

22 Ebd., S. 93f.〔バルト『明るい部屋』、一〇四頁。〕

23 Baudrillard, Die fatalen Strategien, a.a.O., S. 71.〔ボードリヤール『宿命の戦略』、七一頁。〕

24 Ebd, S. 12.〔ボードリヤール『宿命の戦略』、八頁。〕

25 Heidegger, Vorträge und Aufsätze, Pfullingen 1954, S. 149.〔マルティン・ハイデガー「建てること、住むこと、考えること」、『技術とは何だろうか――三つの講演』森一郎編訳、講談社、二〇一九年、六一―九四頁所収、六九頁。〕

26 Baudrillard, Die fatalen Strategien, a.a.O., S. 71.〔ボードリヤール『宿命の戦略』、七一頁。〕

27 Jean Baudrillard, Transparenz des Bösen, Berlin 1992, S. 64.〔ジャン・ボードリヤール『透き

とおった悪』塚原史訳、紀伊國屋書店、一九九一年、七七頁。〕

28 Martin Heidegger, Erläuterungen zu Hölderlins Dichtung, Gesamtausgabe, Bd. 4, Frankfurt a.M. 1981, S. 147.〔マルティン・ハイデッガー『ヘルダーリンの詩作の解明』（辻村公一他編『ハイデッガー全集』第一部門第四巻）濵田恂子・イーリス・ブフハイム訳、創文社、一九九七年、一九七頁。〕

29 Heidegger, Vorträge und Aufsätze, a.a.O., S. 108.〔マルティン・ハイデッガー「ニーチェのツァラトゥストラとは誰なのか?」田中純夫訳、『知のトポス――世界の視点』第10号、新潟大学大学院現代社会文化研究科「世界の視点をめぐる思想史的研究」プロジェクト、二〇一五年、一〇三―一四二頁、一一三頁。〕

30 Eva Illouz, Warum Liebe weh tut. Eine soziologische Erklärung, Berlin 2011, S. 345f.〔原著：Eva Illouz, Why Love Hurts, Cambridge: Polity, 2012, p. 191.〕

31 Simmel, Soziologie. Untersuchungen über die Formen der Vergesellschaftung, a.a.O., S. 404.〔ゲオルク・ジンメル『社会学――社会化の諸形式についての研究』上巻、居安正訳、白水社、新装版二〇一六年、三六九―三七〇頁。〕

32 Ebd., S. 405.〔ジンメル『社会学』上巻、三七〇頁。〕

33 Giorgio Agamben, Die kommende Gemeinschaft, Berlin 2003, S. 51.〔ジョルジョ・アガンベン『到来する共同体』上村忠男訳、月曜社、二〇一二年、六九―七〇頁。〕

34 Ebd., S. 53.〔アガンベン『到来する共同体』、七二頁。〕

35 Slavoj Žižek, Metastasen des Begehrens. Sechs erotisch-politische Versuche, Wien, 1996, S. 50.〔原著：The Metastases of Enjoyment: Six Essays on Women and Causality, London: Verso, 1994, 94. 邦訳：スラヴォイ・ジジェク『快楽の転移』松浦俊輔・小野木明恵訳、青土社、一九九六年、一五五頁。〕

36 Jacques Lacan, Seminar 7. Die Ethik der Psychoanalyse, Weinheim/Berlin 1996, S. 183.〔ジャック・ラカン『精神分析の倫理（上）』ジャック＝アラン・ミレール編、小出浩之・鈴木國文・保科正章・菅原誠一訳、岩波書店、二〇〇二年、二三六頁。〕

37 Ebd., S. 166.〔ラカン『精神分析の倫理（上）』、二〇四頁。〕

38 Ebd., S. 171.〔ラカン『精神分析の倫理（上）』、二一一頁。〕

39 Žižek, Metastasen des Begehrens, a.a.O., S. 51.〔ジジェク『快楽の転移』、一五六頁。〕

40 Lacan, Seminar 7, a.a.O., S. 59.〔ラカン『精神分析の倫理（上）』、六七頁。〕

41 Michel Foucault, Freiheit und Selbstsorge, Interview 1984 und Vorlesung 1982, hrsg. von H. Becker u.a., Frankfurt a.M. 1985, S. 25f.〔ミシェル・フーコー「自由の実践としての自己への配慮」廣瀬浩司訳、『ミシェル・フーコー思考集成X　倫理／道徳／啓蒙：1984-88』小林康夫・石田英敬・松浦寿輝編、筑摩書房、二〇〇二年、二一八―二四六頁、引用箇所は二四三頁。また、『フーコー・コレクション5　性・真理』小林康夫・石田英敬・松浦寿輝編、筑摩書房、二〇

〇六年、二九二―三三六頁、引用箇所は三三〇―三三一頁。〕

42　Nietzsche, Jenseits von Gut und Böse, a.a.O., S. 54.〔ニーチェ『善悪の彼岸』（『ニーチェ全集』第二期第二巻）吉村博次訳、白水社、一九八三年、七四―七五頁（第二章「自由な精神」第四〇節）。〕

43　Friedrich Nietzsche, Nachgelassene Fragmente, Juli 1882 bis Winter 1883-1884, Kritische Gesamtausgabe, VII.1, Berlin 1977, S. 513.〔ニーチェ『遺された断想　一八八三年五月―八四年初頭』（『ニーチェ全集』第二期第六巻）杉田弘子・薗田宗人訳、白水社、一九八四年、二三七頁。〕

44　Augustinus, Die Lüge und Gegen die Lüge, Würzburg 1986. 引用は、Martin Andree, Archäologie der Medienwirkung, München 2005, S. 189 による。

45　Walter Benjamin, Goethes Wahlverwandtschaften, Gesammelte Schriften, Bd. 1.1., S. 195.〔ヴァルター・ベンヤミン『ベンヤミン・コレクション1　近代の意味』浅井健二郎編訳、久保哲司訳、筑摩書房、一九九五年、一七二頁。〕

46　Ebd., S. 196.〔ベンヤミン『ベンヤミン・コレクション1』、一七三頁。〕

47　Giorgio Agamben, Nacktheiten, Frankfurt a.M. 2010, S. 97.〔ジョルジョ・アガンベン『裸性』岡田温司・栗原俊秀訳、平凡社、二〇一二年、九七頁。〕

48　Ebd., S. 98.〔アガンベン『裸性』、九八頁。〕

49 Ebd., S. 148f.〔アガンベン『裸性』、一四四頁。〕

50 Ebd., S. 147〔アガンベン『裸性』、一四二頁〕参照。「裸の共謀者へと仕立て上げられた顔は、レンズのなかを覗きこみ、あるいは、鑑賞者に目配せすることによって、秘密の欠如を見つめるためのきっかけを与える。顔はただただ、見ることへの没頭、純粋なる見せびらかしを表現するのみである」。

51 Ebd., S. 127.〔アガンベン『裸性』、一二四頁。〕

52 ハインリヒ・フォン・クライスト「マリオネット劇場について」を参照。「いろいろ試みてみる動作というのが、それはまたこっけいで、笑いをこらえるのに大変だったぐらいです。――この日から、いや言ってみればこの瞬間から、この少年には不可解な変化が起こったのです。終日鏡の前に立つようになったのですが、彼の魅力が一つ一つ失われて行くのです。目には見えない捉えようのない力が、鋼鉄の網のように、彼の物腰の自由な動きをしっかり封じこめているかのようでした。一年が経過しますと、彼にそなわっていた愛くるしさは、かつては彼をとりまく人々の目を喜ばせたものですが、その面影はもはや少しもしのばれなくなったのです」〔クライスト「マリオネット劇場について」、『クライスト全集　第一巻』佐藤恵三訳、沖積舎、一九九八年、四七二―四八三頁所収、二二七―二四〇頁〕。

53 Agamben, Nacktheiten, a.a.O., S. 144.〔アガンベン『裸性』、一四〇頁。〕

54 Giorgio Agamben, Profanierungen, Frankfurt a. M. 2005, S. 89.〔ジョルジョ・アガンベン『瀆

神』上村忠男・堤康徳訳、月曜社、二〇〇五年、一三二頁。〕
55 Roland Barthes, Die Lust am Text, Frankfurt a.M. 1982, S. 16f.〔ロラン・バルト『テクストの楽しみ』鈴村和成訳、みすず書房、二〇一七年、一九―二〇頁。〕
56 Agamben, Nacktheiten, a.a.O., S. 148.〔アガンベン『裸性』、一四四頁。〕
57 Baudrillard, Transparenz des Bösen, a.a.O., S. 191.〔ボードリヤール『透きとおった悪』、二二五頁。〕
58 Barthes, Die helle Kammer, a.a.O., S. 36.〔バルト『明るい部屋』、四〇頁。〕
59 Ebd., S. 51.〔バルト『明るい部屋』、五五頁。〕
60 Ebd., S. 60f.〔バルト『明るい部屋』、六五頁。〕
61 Ebd., S. 51.〔バルト『明るい部屋』、五五頁。〕
62 Ebd.〔バルト『明るい部屋』、五五―五六頁。〕
63 Ebd., S. 65.〔バルト『明るい部屋』、六八頁。〕
64 Ebd., S. 66.〔バルト『明るい部屋』、六八頁。〕
65 Ebd., S. 62.〔バルト『明るい部屋』、六五―六六頁。〕
66 Ebd., S. 65.〔バルト『明るい部屋』、六七頁。〕
67 Ebd., S. 35.〔バルト『明るい部屋』、三八頁。〕
68 Jean Baudrillard, Die fatalen Strategien, a.a.O., S. 12.〔ボードリヤール『宿命の戦略』、八頁。〕

69 Ebd., S. 81.〔ボードリヤール『宿命の戦略』、八一頁。〕

70 ヴィルヘルム・フリースにあてたある手紙のなかで、フロイトはつぎのように書いている。「君が知っているように、僕は、われわれの心的機構は現存の記憶痕跡の素材がときどき新しい関係に応じた配列変え、すなわち書き換えを被ることにより、重曹形成によって発生した、という仮定を用いて研究しています。僕の理論における本質的に新しいところは、したがって、記憶は一重にではなく、さまざまな種類の標識のなかに貯えられて、多重に存在している、という主張です」(Sigmund Freud, Briefe an Wilhelm Fließ. 1887-1904, hrsg. von J. M. Masson, Frankfurt a. M. 1986, S. 173〔一八九六年一二月六日付の手紙。フロイト『フロイト フリースへの手紙 1887-1904』河田晃訳、誠信書房、二〇〇一年、二一一頁。ハンによる原注の参照指示はS. 173だが正しくはS. 217〕)。

71 Paul Virilio, Information und Apokalypse. Die Strategie der Täuschung, Müinchen 2000, S. 39.〔ポール・ヴィリリオ『情報化爆弾』丸岡高弘訳、産業図書、一九九九年、五〇頁。〕

72 Richard Sennett, Verfall und Ende des öffentlichen Lebens. Die Tyrannei der Intimität, Berlin 2008, S. 81.〔原著：Richard Sennett, The Fall of Public Man, New York: Vintage Books, 1978, p. 37. 邦訳：リチャード・セネット『公共性の喪失』北山克彦・高階悟訳、晶文社、一九九一年、六二頁。〕

73 Ebd.〔原著：Richard Sennett, The Fall of Public Man, p. 37. 邦訳：セネット『公共性の喪失』、

六二頁。〕

74 Ebd., S. 467.〔原著：Sennett, The Fall of Public Man, p. 267. 邦訳：セネット『公共性の喪失』、三七二頁。〕

75 Ebd., S. 563.〔原著：Sennett, The Fall of Public Man, p. 267. 邦訳：セネット『公共性の喪失』、四五〇頁。〕

76 Platon, Politeia, 514b.〔プラトン『国家』（下）藤沢令夫訳、岩波書店、改版二〇〇八年、一〇四頁。〕

77 Ebd., 516a.〔プラトン『国家』（下）、一〇八頁。〕

78 Ebd., 398a.〔プラトン『国家』（上）、二三〇頁。〕

79 Martin Heidegger, Unterwegs zur Sprache, Stuttgart 2007, S. 263.〔マルティン・ハイデッガー『言葉への途上』（辻村公一他編『ハイデッガー全集』第一部門第一二巻）亀山健吉・ヘルムート・グロス訳、創文社、一九九六年、三二六頁。〕

80 Martin Heidegger, Holzwege, Frankfurt a.M. 2003, S. 89.〔マルティン・ハイデッガー『杣径』（辻村公一他編『ハイデッガー全集』第一部門第五巻）茅野良男・ハンス・ブロッカルト訳、創文社、一九八八年、一〇九頁。〕

81 ヴァーチャルな世界には現実的なものの抵抗と他なるものの否定性がない。ハイデガーであれば、ヴァーチャルな世界の重さを欠いた肯定性に反対して「大地（Erde）」をくりかえし引き合いに出すところだろう。大地は隠されたもの、開かれていないもの、みずからを閉鎖するものを表わす。「大地はこうしてみずからへのあらゆる侵入を自分自身に衝突させて粉砕させる。〔…〕大地が空け開いて明け透かされたまま大地それ自身として現れ出るのは、ひとえに、あらゆる開示を避けて後退する、換言すれば間断なく閉鎖的に身を保つ本質的に開示され得ないものとして、大地が守護され保存されるところだけである。〔…〕大地とは、本質的にみずからを閉鎖するものである」(Holzwege, Frankfurt a.M. 2003, S. 33〔ハイデッガー『杣径』、四五頁〕)。「天空」にも知られざるものが含まれている。「それゆえ、知られざる神は天空の開示性を通して知られざるものとして現象する」(Vorträge und Aufsätze, a.a.O., S. 197)。ハイデガーの言う「非覆蔵性〔Unverborgenheit〕」としての「真理」は同じように「覆蔵性〔Verborgenheit〕」に埋め込まれたままである。「非覆蔵なるもの」は「覆蔵性」から「奪い取られ〔entrissen〕」る(Wegmarken, Gesamtausgabe Bd. 9, Frankfurt a.M. 1976, S. 223〔マルティン・ハイデッガー『道標』(辻村公一他編『ハイデッガー全集』第一部門第九巻)辻村公一・ハルトムート・ブフナー訳、創文社、一九八五年、二七三頁〕)。すなわち、真理によってある「裂け目〔Riß〕」が通っているのである。「裂け目」の否定性はハイデガーにとっては「苦痛」である。肯定社会は「苦痛」を避ける。非覆蔵性としての真理は否定性を欠いた光でもなければ透明な放射でもない。むしろ、非覆蔵性としての真理は覆蔵されたものによって養われる。それは暗い森に囲まれた「空地〔Lichtung〕」である。この点で非覆蔵性としての真理は、いかなる否定性もないエビデンスや透明性とは異なる。

82 Jean Starobinski, Rousseau. Eine Welt von Widerständen, München 1988, S. 12.〔ジャン・スタロバンスキー『ルソー――透明と障害』山路昭訳、みすず書房、新装版二〇一五年、五頁。〕

83 Jean-Jacques Rousseau, Bekenntnisse, München 1978, S. 9.〔『ルソー全集』第一巻（『告白（上）』）、小林善彦訳、白水社、一九七九年、一四頁。〕

84 Ebd., S. 440.〔『ルソー全集』第二巻（『告白（下）』）、小林善彦訳、白水社、一九八一年、六〇頁。〕

85 Jean-Jacques Rousseau, Rousseau richtet über Jean-Jacques. Gespräche, Schriften in zwei Bänden, hrsg. von H. Ritter, München 1978, Bd. 2, S. 253-636, hier: S. 484.〔『ルソー全集』第三巻（「ルソー、ジャン＝ジャックを裁く――対話」）、小西嘉幸訳、白水社、一九七九年、二一五頁。〕

86 Jean-Jacques Rousseau, Julie oder die neue Heloïse, München 1978, S. 724f.〔『ルソー全集』第一〇巻（『新エロイーズ（下）』）、松本勤訳、白水社、一九八一年、三六二頁（第六部手紙八）。〕

87 Jean-Jacques Rousseau, Brief an Herrn d'Alembert. Über seinen Artikel »Genf« im VII. Band der Enzyklopädie und insbesondere über den Plan, ein Schauspielhaus in dieser Stadt zu errichten, in: Jean-Jacques Rousseau, Schriften, a.a.O., Bd. 1, S. 333-474, hier: S. 414.〔ルソー『演劇について――ダランベールへの手紙』今野一雄訳、岩波書店、一九七九年、一四八頁。〕

88 Ebd., S. 393.〔ルソー『演劇について』、一一五頁。〕

89 Rousseau, Julie oder die neue Heloïse, a.a.O., S. 444.〔『ルソー全集』第一〇巻（『新エロイーズ（下）』）、四四―四五頁（第四部手紙六）。〕ルソーが構成する自然状態とは、人間がおたがいに相手のことを見抜いていた状態である。「芸術がわれわれのもったいぶった態度を作りあげ、飾った言葉で話すことをわれわれの情念に教えるまでは、われわれの習俗は粗野ではありましたが、自然なものでした。そして態度の相違が、一目で性格の相違を示していました。人間の性質が根本的に今日よりよかったわけではありませんが、ひとびとはお互をたやすく見抜くことができたので、安心していたのです。そしてこのような利益――もはやその価値を、われわれは感じなくなっていますが――によって、彼らは多くの悪徳をおかさないですんだのです」（Abhandlung über die Wissenschaften und Künste, Schriften a.a.O., Bd. 1, S. 27-60, hier: S. 35〔ルソー『学問芸術論』前川貞次郎訳、岩波書店、一九六八年、一六―一七頁〕）。

90 Vilém Flusser, Medienkultur, Frankfurt a.M. 1997, S. 162.

91 Baudrillard, Agonie des Realen, a.a.O., S. 48.〔ジャン・ボードリヤール『シミュラークルとシミュレーション』竹原あき子訳、法政大学出版局、一九八四年（新装版二〇〇八年）、四二頁。ハンによる原注では「前掲書（a.a.O.）」と表記されているがこれは誤りで、ここが初出である。このドイツ語訳（Agonie des Realen, übersetzt von Lothar Kurzawa und Volker Schaefer, Berlin: Merve-Verlag, 1978）は、『シミュラークルとシミュレーション』（原著一九八一年出版）に収録された論文「シミュラークルの先行」（初出一九七八年）などを雑誌初出時の時点で集めた

ドイツ語独自編集版であり、そのためにフランス語原著よりも先に出版されている。〕

92 Ebd. S. 47.〔ボードリヤール『シミュラークルとシミュレーション』、四一頁。〕

93 Jeremy Bentham, Panopticon, Letter V.〔ベンサム『パノプティコン　別名、監視施設』（抄訳）永井義雄訳、永井義雄『ベンサム』講談社、一九八二年収録、二六四―二六五頁。〕

94 David Brin, The Transparent Society, Reading, Mass. 1998, S. 14.

95 Sennett, Respekt im Zeitalter der Ungleichheit, a.a.O., S. 152.

96 Bentham, Panopticon, Preface.〔ベンサム『パノプティコン』、二五七頁。〕

97 Ebd.〔ベンサム『パノプティコン』、二五七頁。〕

98 Hegel, Phänomenologie des Geistes, a.a.O., S. 140〔ヘーゲル『精神現象学　上』、二九六―二九七頁〕を参照。「こうしてすでに精神の概念が、私たちに対しては目のまえに存在している。〔…〕私たちである〈私〉であり、〈私〉である私たち」。

99 ユーリ・ツェーとイリヤ・トロヤノフの著書のタイトルもそのようになっている。『自由への攻撃――安全妄想・監視国家・市民権の解体』。

訳者解説

1　著者ビョンチョル・ハンについて

経歴

本書の著者ビョンチョル・ハン（Byung-Chul Han）は一九五九年韓国生まれドイツ在住の哲学者である。はじめ韓国の大学で家族の意向に沿って冶金の技術を学んでいたが、その後ドイツに渡り、フライブルク大学とミュンヘン大学で哲学、ドイツ文学、カトリック神学を学んだ。一九九四年にハイデガー研究で博士号を、二〇〇〇年にバーゼル大学に提出した現象学研究『死と他性』で大学教授資格を取得。二〇一〇年までバーゼル大学で私講師を務めたのち、二〇一〇年から二〇一二年までカールスルーエ造形大学で哲学とメディア理論を、二〇一二年から二〇一七年までベルリン芸術大学で哲学とカルチュラルスタディーズを教えた。

「ブリストル啓蒙賞」を二〇一五年に受賞。これは批判精神やヒューマニズムといった啓蒙主義の伝統に則りつつ現代についての反省をもたらす論考の著者に与えられる賞で、二〇一五年からフランス語訳も審査の対象となり、ハンはその翻訳部門の最初の受賞者となる。二〇一六年には「未来研究のためのザルツブルク州賞」を受賞。さらに二〇二〇年には、イギリスの現代美術雑誌『ArtReview』が毎年発表している、アート界でもっとも影響力のある一〇〇組のランキング「Power 100」に六二位で選ばれた[1]。

主要著作・論文

このようにヨーロッパなどではよく知られているハンではあるが、著書の日本語訳は『疲労社会』と並んで本書が最初となるため、以下、著作について簡単に紹介しておきたい。

【著作】

1. *Heideggers Herz. Zum Begriff der Stimmung bei Martin Heidegger.* München: Wilhelm Fink, 1996.（『ハイデガーの心臓――マルティン・ハイデガーにおける気

分の概念によせて』。一九九四年提出の博士論文の書籍化。本書の最後では、苦痛の否定性を肯定性に転化させるヘーゲルに対して、差異の現象としての苦痛というハイデガーの思想を支持する、というアイディアが見られる。ここには、「肯定性／否定性」というその後のハンの基本的な志向がすでに表れている。）

2. *Todesarten. Philosophische Untersuchungen zum Tod*. München: Wilhelm Fink, 1998.（『さまざまな死のありかた――死にむかう哲学的探究』。ハイデガー研究の成果だけでなく、アドルノやレヴィナス、デリダの読解を通して、死という現象が引き寄せる特異なレトリックを分析し、そうしたレトリックの背後にある死へのミメーシスの所在を示そうとする。）

3. *Martin Heidegger. Eine Einführung*. München: Wilhelm Fink (UTB 2069), 1999.（『マルティン・ハイデガー――ひとつの入門』。赤い装丁でおなじみのドイツの定番入門シリーズの一冊。「存在と存在者」から「放下」まで、主要概念をひとつひとつ順番に丁寧に説明していく。）

4. *Philosophie des Zen-Buddhismus*. Stuttgart: Reclam (Reclams Universal-Bibliothek 18185), 2002.（『禅仏教の哲学』。禅仏教思想の入門書的な本。西洋の思想と比較し

つつ論じている点、禅仏教理解のための思想的補助線として俳句をしばしば参照している点に特徴がある。）

5. *Tod und Alterität*. München: Wilhelm Fink, 2002.（『死と他性』。二〇〇〇年の大学教授資格論文の書籍化。『さまざまな死のありかた』の分析対象が死をめぐる言語であったのに対して、こちらは個人間関係の次元や認識論的次元で作用する権力やアイデンティティと死との関係を論じている。カントの美学および倫理学を考察の出発点に、ハイデガーの死の分析と対照をなすかたちでレヴィナスが参照される。）

6. *Hyperkulturalität. Kultur und Globalisierung*. Berlin: Merve, 2005.（『過剰文化性——文化とグローバル化』。グローバリゼーションによってもたらされた文化概念の変容を扱う。ここで「過剰（Hyper-）」という接頭辞は、さまざまな文化がその固有の中心と場所と境界を失って、好きなように消費できるコンテンツとして並列されている事態を示す語として用いられている。）

7. *Was ist Macht?*. Stuttgart: Reclam (Reclams Universal-Bibliothek 18356), 2005.（『権力とはなにか』。現象としての自明さと概念としての不明瞭さをあわせもつ「権力」

について、そのさまざまな現象形態を区別しつつ概念的解明を目指した本。ルーマン解釈や自身のハイデガー研究を下敷きにしたブルデューの読解など興味深い点も多く、フーコーの権力観や「権力／暴力」の区別など、『透明社会』に継承される論点も多く含む。）

8. *Hegel und die Macht.* Ein Versuch über die Freundlichkeit. München: Wilhelm Fink, 2005.（『ヘーゲルと権力――友情についてのひとつの試論』。『権力とはなにか』で提示した権力と暴力の区別を基本に権力の理論家としてのヘーゲルを描く。権力は〈他者のなかで自分自身であり続ける〉という特殊な他者関係を築き、それによって〈自己の連続性〉をもたらす、という洞察をヘーゲルから引き出しつつ、権力ではもたらされえない〈世界の連続性〉をもたらすのが友情だ、という独自のアイディアを展開する。）

9. *Gute Unterhaltung. Eine Dekonstruktion der abendländischen Passionsgeschichte.* Berlin: Vorwerk 8, 2006; Neuauflage, Berlin: Matthes & Seitz (Fröhliche Wissenschaft 129), 2017.（『よい娯楽――西洋の情動史の脱構築』。西洋において娯楽は堕落した空しいものとみなされていたにもかかわらずそれが現代では教育娯楽などのような

かたちで生活のあらゆる場面に入り込んでいるのはなぜか、という問いのもと、西洋史において深刻な宗教的感情である情動（あるいは受苦）と一見軽薄な娯楽とが入り交じり収斂していることを、バッハ《マタイ受難曲》やロッシーニ、カフカなどの事例から論じる。）

10. *Abwesen. Zur Kultur und Philosophie des Fernen Ostens*. Berlin: Merve, 2007.（『非現前——極東の文化と哲学によせて』。『禅仏教の哲学』と同じく東洋思想を扱った本で、「本質（Wesen）」を志向する西洋哲学との比較で「非現前（Abwesen）」の文化としての東洋文化を論じる。「異質なもの」をキーワードに、閉鎖的でも開放的でもない空間を能動でも受動でもないありかたで確保しておくことが、異質なもののとの友情を築く可能性であると主張する。）

11. *Duft der Zeit. Ein philosophischer Essay zur Kunst des Verweilens*. Bielefeld: Transcript, 2009.（『時間の香り——とどまる技法のための哲学的エッセイ』。書名はプルーストに由来する。現代の時間の危機を、その加速ではなく同期不全（Dyschronie）が原因であるとし、それがもたらす時間的な散漫や障害、誤感覚を考察する。この危機の克服のために、活動的生に対して観想的生の復権を説く。）

12. *Müdigkeitsgesellschaft.* Berlin: Matthes & Seitz (Fröhliche Wissenschaft 98), 2010.（『疲労社会』。本書『透明社会』の前提となる「否定性の社会から過剰な肯定性の社会へ」、「規律社会から能力社会へ」という時代診断を提示し、うつ病、注意欠陥障害、境界性パーソナリティ、燃え尽き症候群などを扱いながら、現代社会の病理学的風景を描く。一五か国以上の外国語に訳されて国際的なベストセラーとなった。）

13. *Shanzhai – Dekonstruktion auf Chinesisch.* Berlin: Merve, 2011.（『山寨——中国語での脱構築』。「山寨（Shanzhai）」とは中国語で「模倣品」の意味を持つ言葉。国際的に非難されがちな中国の山寨に対して、むしろオリジナルやブランドを重宝がる考えかたが時代遅れになっているとして、山寨に反権威主義的で破壊的なエネルギーの可能性を見る。）

14. *Topologie der Gewalt.* Berlin: Matthes & Seitz (Batterien 8), 2011.（『暴力のトポロジー』。『疲労社会』の分析をさらに進めて、暴力と個人の関係の構造転換に注目する。ヤン・フィリップ・レームツマが提示した「暴力の消失」というテーゼに反対して、微妙でとらえがたい暴力の形態があることを示す。『疲労社会』とともに本書の背景となる時代診断を提示している。）

15. *Transparenzgesellschaft*. Berlin: Matthes & Seitz (Fröhliche Wissenschaft), 2012.（『透明社会』。本書。）

16. *Agonie des Eros*. Berlin: Matthes & Seitz (Fröhliche Wissenschaft 123), 2012; Erweiterte Ausgabe mit einem Vorwort von Alain Badiou, 2017.（『エロスの苦悶』。『疲労社会』で提示した時代診断を通して現代に特徴的な他者関係の不可能性の問題を扱った本。「他者の消失」という論点がより強調される。内容的には本書『透明社会』の「親密社会」と関連し、とくにナルシシズムの問題を自己愛との対比で論じる。）

17. *Digitale Rationalität und das Ende des kommunikativen Handelns*. Berlin: Matthes & Seitz, 2013.（『デジタルな合理性とコミュニケーション的行為の終焉』。インターネットは共同行為の空間を形成しない、という本書『透明社会』の主張をさらに展開したもの。対話と討議による民主主義はもはやその基盤を失っており、社会の無意識としてのビッグデータが新たな民主主義の形態をもたらしているとし、その事態を批判的に考察する。）

18. *Im Schwarm. Ansichten des Digitalen.* Berlin: Matthes & Seitz (Fröhliche Wissenschaft), 2013.（『群れで——デジタルなもののさまざまな見方』。ネットの住民はもはや大衆ではなく群れ（Schwarm）でしかない、という観点からインターネット上の炎上現象や憤慨感情を論じる。『透明社会』のアイディアをさらに展開させて、現代のデジタル社会を、私たちの魂（Psyche）に微細な攻撃をしかける「魂政治的な透明社会」ととらえる。）

19. *Psychopolitik: Neoliberalismus und die neuen Machttechniken.* Frankfurt am Main: S. Fischer Verlag, 2014.（『魂政治——ネオリベラリズムと新しい権力技術』。前の著作『群れで』で提示したネオリベラリズム的な「魂政治」のアイディアを、感情資本主義やゲーミフィケーションなどの現象を参照しながら展開している。「透明性」もまたネオリベラリズムの装置としてとらえられる。）

20. *Die Errettung des Schönen.* Frankfurt am Main: S. Fischer Verlag, 2015.（『美の救出』。ジェフ・クーンズの彫刻やiPhoneに兆候的に見られる、なめらかなものを美しいと思う感性を問題にする。『透明社会』でも参照されるバルトの「プンクトゥム」論に加えて、アドルノの「自然美」やガダマーの議論を参照しつつ、芸術における恐ろしいものや傷つけるものの契機を救出することの必要性を主張する。）

21. *Die Austreibung des Anderen. Gesellschaft, Wahrnehmung und Kommunikation heute.* Frankfurt am Main: S. Fischer Verlag, 2016.（『他者の追放――社会、知覚、コミュニケーション』。これまでも論じられてきたナルシシズムの問題設定を継承しつつ、自己破壊としての他者の追放という問題に取り組む。前著『美の救出』の「美の救出は他者の救出である」というテーゼを倫理学的な方向から展開し、他者に言語を与える能動的行為としての「傾聴（Zuhören）」の重要性を指摘する。）

22. *Close-Up in Unschärfe. Bericht über einige Glückserfahrungen.* Berlin: Merve, 2016.（『ぼやけたものへのクローズアップ――いくつかの幸福経験についての報告』。三週間自分でカメラを回して映画を撮ってみたらとても幸福な日々が過ごせました、小道具として使った一五〇年前のピアノで深夜にゴルトベルク変奏曲まで弾いて「遊戯の人（Spieler）」、「エロスの人（Erotiker）」として生まれ変われました、というドキュメンタリー風の本。）

23. *Lob der Erde. Eine Reise in den Garten. Mit Illustrationen von Isabella Gresser.* Berlin: Ullstein, 2018.（『大地の賞賛――ある庭園旅行』。「大地の近くにいたい」と

いうやむにやまれぬ欲求から始めた三年間の庭仕事を記録しつつ、とどまることや観想について省察した文章も収録したエッセイ集。『疲労社会』を扱ったフィルム・エッセイの監督イザベラ・グレッサーによるイラストつきで楽しい。）

24・*Vom Verschwinden der Rituale. Eine Topologie der Gegenwart*, Berlin: Ullstein, 2019.（『儀礼の消失について――現代のトポロジー』。本書『透明社会』でも言及のある「儀礼の消失」を主題として取り上げ、それをナルシシズムの問題とつなげる。こんにちの共同体なき過剰なコミュニケーションとしての集団的ナルシシズムに対抗して、コミュニケーションなき共同体をつくり出す象徴的行為としての儀式の可能性を探る。）

25・*Kapitalismus und Todestrieb. Essays und Interviews*. Berlin: Matthes & Seitz (Fröhliche Wissenschaft 155), 2019.（『資本主義と死の欲動――エッセイ・インタビュー集』、二〇一二年から二〇一七年までのエッセイやインタビューを集め、本書のタイトルともなっている書き下ろし論文「資本主義と死の欲動」を加えたもの。）

26・*Palliativgesellschaft. Schmerz heute*. Berlin: Matthes & Seitz (Fröhliche

Wissenschaft 169), 2020.（『姑息社会——こんにちにおける苦痛』。ここでの「姑息（Palliativ）」というのは「ひきょう」の意味ではなく「一時しのぎ」の意味で、患者の苦痛軽減や一時的な症状改善などの目的で行われる治療を姑息治療（Palliativmedizin）と呼ぶときの意味である。苦痛とはさまざまな時代の社会を理解するための鍵であり暗号である、という認識のもと、苦痛の解釈学としての社会批判を提示する。とりわけ、こんにちの政治における「中道」が対立や議論を回避した一時しのぎにすぎなくなっていることを批判する。）

27. *Undinge. Umbrüche der Lebenswelt.* Berlin: Ullstein, 2021.（『物ならぬモノ——生活世界のさまざま変革』。本書『透明社会』でも名前の挙がっている哲学者フルッサーの「物ならぬモノ（Undinge）」の概念を手がかりに、とどまることや引き下がることがもたらす生のリズムについて再考した「情報社会のミニマ・モラリア」。）

【著者による主要論文】

1. Zu Derridas Gedanken über Europa in Das andere Kap. In: *Europa-Philosophie.* Hg.

v. Werner Stegmaier. Berlin: De Gruyter, 2000, 177-188.

2. Liebe und Gerechtigkeit bei F. Nietzsche. In: *Nietzsche und das Recht.* Hg. v. K. Seelmann. Stuttgart: Franz Steiner Verlag, 2001, 77-83.

3. Heideggers Todesanalyse (§§ 45–53) (mit A. Hügli). In: *Sein und Zeit* (Klassiker Auslegen 25). Hg. v. Thomas Rentsch. Berlin, München, Boston: De Gruyter, 3., bearb. Aufl., 2015, 125-140.

4. Über Die Dinge: Heidegger, Nietzsche Und Das Haiku. In: *Merkur* 53(3-4), 1999, 332-344.

5. Über die Freundlichkeit. Zur Ethik Martin Heideggers. In: *Akzente* (1.2002), 54-68.

6. Über die Aneignung. In: *Merkur* (11.2003), 1057-1061.

7. Die Freundlichkeit des Verstehens. Eine philosophische Etymologie des „Verstehens". In: *Reformatio. Zeitschrift für Kultur Politik Religion* (1.2004), 4-6.

8. Das Klonen und der Ferne Osten. In: *Lettre International* (64), 2004, 108-109.

9. Hegels Buddhismus. In: *Hegel-Jahrbuch,* 2004, 298-301.

10. Hegel und die Fremden. In: *Allgemeine Zeitschrift für Philosophie* (3.2004), 215-223.

11. Globalisierung und Hyperkultur. In: *Lettre International* (74), 2006, 122-123.

12. Über das Schließen – Eine Eloge. In: *Scheidewege – Jahresschrift für skeptisches Denken*. Jahrgang 2008/09.

13. Flaches Geld. Kapitalismus und Religion oder Am Nullpunkt der Kontemplation. In: *Lettre International Jubiläumsheft* (Heft 81), 2008, 112-117.

著作は一覧にすると数が多くて圧倒されるのだが、ページ数の少ない小型の本が多い。とくに本書『透明社会』もそのひとつである、Matthes & Seitz 社の Fröhliche Wissenschaft（日本での新書ほどのサイズで政治学や哲学、社会学などの分野のエッセイを収めるシリーズ）から出ているものはどれも一〇〇頁前後かそれ以下の小著である。各国語の翻訳が多くなされているのもこのシリーズであり、とくにハンが国際的に名を知られるようになるきっかけとなった『疲労社会』もこのシリーズである（花伝社から本書と同時刊行）。本書『透明社会』は現在一三の外国語（オランダ語、スペイン語、韓国語、イタリア語、ポルトガル語、ロシア語、カタルーニャ語、英語、デンマーク語、ギリシア語、フランス語、中国語、アラビア語）に翻訳されている。

2　本書『透明社会』について

透明性批判――本書全体の位置づけ

本書『透明社会』でハンは、透明性があらゆる場面で要求される社会の現状を批判する。本書はわかりやすいと同時にわかりにくい。わかりやすいというのは、有無を言わせぬ調子で提示される本書のテーゼによって、現代社会のある側面――本書でハンが「透明性」ということで捉えようとしている側面――が特異な光のもとではっきりと浮かび上がるからである。

しかし、まさしくこのスタイルに由来して、本書はわかりにくい。本書ではさまざまな古今の哲学者や社会学者が参照されるが、引用された発言の文脈説明や解釈には労力が割かれない。また、個々の段落のつながりはゆるやかで、さっとひとつの話題に触れてつぎの話題に移る、という箇所も少なくない。さらにその一方で、個々の主張はしばしば論証もなく断定的に提示される。こうしたスタイルゆえに、ハンの主張をどのように理解し評価すべきか（そもそもそれは理解や評価ができるようなものなのか）が不明瞭な印象を本書は与える。すなわち、主張内容を評価する基準が不明確であるという点で本書はわかりにくい。

本解説の目的はこのわかりにくさをいくらかやわらげることである。そのために、どのような意味での「透明性」が批判されるのか、どのような観点から批判されるのか、という点に説明を試みる。そのさい、本書およびハンの思想へのひとつのアプローチを提案することを目的として、ハンのほかの著作も必要に応じて参照する。この参照は、ひとつには『透明社会』の個々の発言の理解に寄与するだろう。というのも、ハンは、前の著作で用いたモティーフを次作で主題として展開し、その過程で生まれた新たなモティーフをさらにそれ以降の著作で（また別のモティーフと組み合わせて）展開する、という著述プロセスをとる傾向があるからである（そのため、同じようなパッセージが複数の著作にくりかえし現れることが多い）。しかし同時に、ハンという人がどのようなより広い問題意識のもとで『透明社会』を書いているのか、という思想全体の理解の観点からも、こうした横断的参照は寄与する部分があるだろう。以下では、このような方針のもと、読解のヒントとなるキーワードを挙げつつ解説していきたい。

否定性の思想

それでは、本書はどのような意味での「透明性」を、どのような観点から批判するのか。本書はまえがきや序論なしにいきなり「肯定社会」と題された章から始まるのだが、冒頭の段落はこの問いへの（それゆえ本書全体への）導入として読むことができる。そこではまず、「透明性」という言葉が、汚職や情報公開などの公共的な事柄を話題にするさいのキーワードになっていると説明される。しかしすぐに続けて、この「透明性」という概念でとらえられる事態が政治や経済の領域に限定されないより広い射程をもち、いまやいたるところで透明性が求められているという見解が述べられる。そしてさらに、透明性がいたるところで求められるこんにちの社会はとりわけ「肯定社会」と呼ばれるべきものであり、そこには「否定性を含んだ社会」からの転換が見られる、という時代診断が示される。

この冒頭の一節から引き出せるのは以下の二点である。第一に、「透明性」はここでは、現代社会のさまざまな事象を包括した概念として理解される。第二に、そうした意味での透明性が求められる社会は「肯定社会」と特徴づけられる。すなわち、透明性はここでは「肯定性」という概念のもとで理解されるのである。この「肯定性」

とその対概念としての「否定性」についての考えかたが透明性批判の基底をなす。この第二の論点が決定的に重要であり、汚職や情報公開の文脈に限定して理解すると透明性のイデオロギーとしての射程を見誤る、という第一の論点もここから説明できる。

透明性という語はたしかに行政情報への国民のアクセスという文脈で重要視される。日本でも、一九九三年制定の行政手続法の第一条に「透明性」という言葉が用いられたことをひとつのきっかけとして、この言葉が広く認知されるようになった（行政手続法第一条では「透明性」という語は「行政上の意思決定について、その内容及び過程が国民にとって明らかであること」という意味で用いられている）。さらに一九九八年には国会で情報公開法案が審議される。情報公開法案の政府原案は問題の多いものだったが、当時は大蔵官僚や道路公団理事、日銀営業局幹部らの汚職事件や、前年の動力炉・核燃料開発事業団東海事業所（茨城県東海村）の火災・爆発事故の虚偽報告などが相次いでおり、注目を集めていた（当時の議論はアメリカの制定法「情報自由法（Freedom of Information Act: FOIA）」の影響を大きく受けていた）。「知る権利」「情報公開」などと並んで「透明性」の語が新聞記事上で多く用いられるようになるのもこの年のことである。

また本書『透明社会』が出版されたドイツでは、二〇一二年（本書出版と同時期）に可決されたハンブルク市透明化法（Das Hamburgische Transparenzgesetz）が注目を集めていた。この法律はハンブルク市で一九九六年から導入されていた市民立法（Volksgesetzgebung）にもとづいて、「透明性は信頼をもたらす（Transparenz schafft Vertrauen）」というスローガンのもと市民イニシアティブによって立法が進められたものである。この法律は、行政にかんするデータを開示する義務を公的行政に課した点、なおかつハンブルク市民や利害関係者は事前申請なしにデータにアクセスできると規定した点、しかも制定後の運用や効果の評価義務まで定めていた点などで、ドイツ連邦政府の「情報公開法（Informationsfreiheitsgesetz）」よりもさらに踏み込んだ内容になっていた。

ハンブルク市透明化法のスローガンは本書の「管理社会」の章でも批判的に引き合いに出され、それに対置するかたちで「透明性は信頼を廃棄する（Transparenz schafft Vertrauen ab）」と書かれてはいる。しかし、ハンは行政の透明性そのものに異議を唱えているのではない。批判すべきは、汚職や情報公開の文脈で求められる透明性ではなく、現代社会のシステムそのものに内在し生のあらゆる場面に入りこんでいる透明性である。この点は、本書『透明社会』の出版直後に『ディー・ツァイト（Die Zeit）』紙に載った記事（現在は『資本主義と死の欲動』に再録）の発言にも明確に見て取れる。

誤解を避けるために言うのだが、汚職の撲滅という名のもとで求められる透明性や、人権の擁護のために求められる透明性に対しては、異議を唱えるべきところはまったくない。そのような透明性は歓迎すべきものだ。透明性への批判は、透明性のイデオロギー化、物神化、全面化に向けられる。とりわけ憂慮すべきなのは、こんにちの透明社会が管理社会に転化しつつあることだ。[2]

問題はイデオロギーとしての透明性である。そして、透明性がイデオロギーとして生のあらゆる場面に侵入してくる事態を問題にするために鍵となるのが、「否定性」の概念である。

否定性の概念はハンの根本志向を示すキーワードである。その内容を一言で言えば、〈境界線をはっきりと定め、なにがあってもそれを曖昧にしておかないこと〉と言い表わすことができるだろう。もっとも基本的なのは自己と他者のあいだに引かれる境界線である。こうした意味での否定性との対比で、肯定性とは、境界線が消え去りなめらかになったありかた、平準化したありかたを意味する。世界の平板化に対する異議がハンの思想の基本にある。すなわち、本書で批判される透明性とは、〈世界が平板化しなめらかになって意味を喪失したありかた〉として理解される。そしてそれは、〈否定性が取り払われ肯定性が過剰に求められることによって生にもたらされる被害〉の観点から批判されるのである。

ここで言われている「肯定性」および「否定性」の対比は、『透明社会』以前の二冊の著作、『疲労社会』および『暴力のトポロジー』の議論で重要な役割を果たしている。そこでは、〈否定性が消え去り肯定性が支配的になる〉という転換が、〈規律社会から能力社会へ〉、そして〈マクロな暴力からミクロな暴力へ〉、という二つの転換として描かれている（『疲労社会』では現代社会における暴力の隠微な側面がエッセイ風に描かれているのに対して、『暴力のトポロジー』では暴力のありかたが系譜学的・歴史的に分析されている）。『透明社会』の内容にかかわる範囲でそこで提示されたアイディアを紹介したい。

規律社会から能力社会へ

『疲労社会』でハンは、二一世紀では「規律社会」から「能力社会」への転換が生じている、と主張する。「能力社会」という語は本書の「管理社会」の章でも提示されているため、そこでの主張を理解し評価するためにもこの論点を確認しておくことは有益だろう[3]。

「規律社会」とはミシェル・フーコーが『監獄の誕生』(一九七五年)で提示した、社会のありかたをとらえるための概念である。フーコーは刑罰の歴史を辿りながら、近代の刑罰がそれ以前の身体刑とは異なる目的と考えかたを背景にしていたことを指摘した。この背景にある目的が「規律(ディシプリン)」である。規律という考えかた自体は、(軍隊の訓練に見られるように)古代にも認められるものである。しかし、とくに近代の規律社会では、監獄、病院(とくに精神病院)、兵舎、工場、学校などの近代的施設が規律を施される舞台となる。人びとはそうした施設で秩序維持のための規律訓練を施されることによって、生産性を高めつつ、命令への服従と秩序への従属を受け入れるようになる。

ハンはこの規律社会を「否定性をもつ社会」と考え、それに「肯定性の社会」である能力社会を対置する。規律社会を規定するのは禁止事項という否定性である。そのありようは「してはならない（Nicht-Dürfen）」という禁止や「すべき（Sollen）」という当為として表現される。規律社会では、否定文を表す否定詞「ない（Nein）」によって、（正常ではない者という否定的なかたちで）狂人や犯罪者が生み出される。すなわち、ここでの否定性とは、禁止されることと許容されることの境界線であり、規律を施す者と施される者の境界線であり、また正常な者とそうでない者の境界線である。

それに対して、能力社会では、「してはならない」という制限や限界が取り除かれる。そうした志向はたとえば規制緩和などのかたちをとって現れ、また「プロジェクト」や「イニシアティブ」や「モチベーション」といった語彙をまとって現れる。そこで支配的なのは「できる（Können）」という能為表現である。「できること」を増やしてほかの人に示すための施設（ハンはその例としてフィットネスジムやオフィス、銀行、ショッピングモール、遺伝子研究室などを挙げている）がこの社会を支える。

本書では「能力社会」と訳した原語は Leistungsgesellschaft であり、Leistung という語は（能力を発揮した結果として残る）「業績」や（「パフォーマンスを発揮する」や

「コストパフォーマンス」などというときの）「パフォーマンス」などとも訳すことができるだろう。能力社会で生み出されるのは、「正常ではない者」ではなく、「自分でプロジェクトを立ち上げられない者」や「自分でイニシアティブをとれない者」や「自分でモチベーションを維持できない者」である――すなわち、うつ病患者と無能な人間である。以上が、ハンの考える〈規律社会から能力社会への移行〉である（『疲労社会』では、このうつ病の所在と由来がひとつの主題となる）。

この移行は断絶ではない。ハンはむしろ、生産性向上という観点から見て両者が連続しているという点を強調している。生産性を最大化するためには、他者によって押しつけられる禁止や当為では限界があり、自分で自分自身を管理し向上させているという感情が伴う「できる」という能為を奨励する方が効果的だからだ。このように自分の生を自分自身でコントロールできているという感情、自分は自由であるという感情が伴うという点で、自分自身の搾取は他者の搾取よりも際限なく進行し、際限なく自分自身の生を損なう。この自己搾取の自己破壊性が〈規律社会から能力社会への移行〉というアイディアのポイントである。

マクロな暴力からミクロな暴力へ

自己搾取とは暴力の加害者が同時に被害者であるような暴力である。このような形態の暴力を考察対象とすることが、『暴力のトポロジー』で示された〈マクロな暴力からミクロな暴力へ〉という観点の主眼にある。『暴力のトポロジー』でハンは、近代に特徴的な暴力の形態を描き出す。それは、(国家間の戦争のように)「敵/味方」、「加害者/被害者」の区別がはっきりとしたかたちで作動する暴力ではなく、暴力をふるう主体が不明瞭な暴力、微妙でとらえがたい層のなかで現実に作動している匿名化された暴力である。

前者のような形態の暴力は自己と他者、敵と友、内部と外部の緊張のなかで展開する。ハンはこれを「マクロ物理的な暴力 (makrophysische Gewalt)」と呼ぶ。マクロな暴力は、境界線 (国境であれ自己免疫であれ) への外部に向けられる暴力であり、すなわち、境界線の外部にある他者の否定性を前提としている。その意味でそれは「否定性の暴力」とも規定される。それに対して、後者の暴力は「ミクロ物理的な暴力 (mikrophysische Gewalt)」と呼ばれる。ミクロな暴力は他者にではなく自己に向けられる。それは、「いまの自分よりもっとできるようにならなければならない」、

「もっと業績を上げなければならない」、「業績をみんなに見てもらわなきゃいけない」というかたちで自分自身を奴隷化する。関心が極度に自分自身のみに向けられているこの状態では、自己と他者の境界線は意味を失う。他者の否定性を前提としないという意味で、こうした暴力は「肯定性の暴力」と規定される。そして、このような暴力のひとつの現象形態として、「透明性の暴力」も扱われるのである（『暴力のトポロジー』第二部「暴力のミクロ物理学」の第三章「肯定性の暴力」および第四章「透明性の暴力[4]」）。

本書『透明社会』は、『暴力のトポロジー』でスケッチされたミクロな暴力のありかたをさらに微視的に描き出すものだと言えるだろう。透明性という言葉を汚職や情報公開の文脈に限定して理解するべきではないという主張もまたこの点から理解できる。すなわち、本書は「展示」や「エビデンス」や「加速」といった、情報公開の場面にかぎられない事象に透明性の現れを見出し、そこに潜む暴力性を示すことを目指しているのである。

本書の「肯定社会」の章では透明性の「平準化する（nivellieren）暴力」と理論の「区別する（unterscheiden）暴力」という二つの暴力が対比的に提示されるが、これも『暴力のトポロジー』における「肯定性の暴力／否定性の暴力」の対概念から理解できる。「強調した意味での理論は暴力的である」とハンが言うとき、それは理論の暴力性を単純に批判しているのではない。ハンは区別するという否定性を備えた理論のありかたを明確に擁護している。暴力には二つの現象形態があるということ、なおかつ、際限がなくなり暴力として認識されにくい肯定性の暴力の方にこそ批判的なまなざしを向けるべきだということ、この点が〈否定性にもとづく理論の暴力性〉というハンの見解を理解するために重要である。

以上の〈規律社会から能力社会へ〉、〈マクロな暴力からミクロな暴力へ〉、という二つの転換が本書の透明性批判の前提となる時代診断である。もちろん、このような時代診断が妥当なものかどうかは別個に吟味すべきだろうし、〈できることを増やして自分の人生を自分でコントロールする〉ということがそれ自体で非難すべきことなのかも微妙な問題ではある。しかし、〈自分の人生を自分で決めることが奨励される〉という一見して望ましいように見える事態がじつのところ自分自身へのより過酷な暴力の現れである、というテーゼは検討に値する仮説を（すなわちハンの言う強調した意味での理論を）提供していると言える。また、肯定性の批判は、時代を逆行させて規律訓練とマクロな暴力の社会に戻ることを主張するものではまったくない。ここでの主眼は、表面上はその暴力性が認識されにくい肯定性の過剰が生にどのような被害をもたらすか、ということの分析にある。

この観点から、「肯定社会」の章では、データの自発的提供と管理の受容というポスト・プライバシーのイデオロギーや経済的・技術的合理性優先の観点から従来の代議制民主主義を非効率と見なすポスト政治の動きが、さらにはSNS上の「いいね」によるコミュニケーションが批判される。とりわけ、「いいね」のような注目はそれ自体が資本であるとされる。そうすると、そうした注目を集めるような成果物を展示しなければならない、多くの人に見てもらわなければならないという強迫観念が透明社会のひとつの側面をなす（他人に見てもらえない業績などというものはそもそも存在しないものとみなされる）。この側面が「展示社会」の章で描かれる。さらにハンは、「私はこれだけのことをやっている」と自分の業績や能力を積極的に示すような態度――自分自身を商品として展示する態度――を、挑発的に「ポルノグラフィ」と呼ぶ。この文脈で「ポルノグラフィ」と対比されるのは「エロス」であり「快楽」である（ポルノグラフィは快楽をもたらすのではなくむしろ快楽を不可能にする）。「エビデンス社会」の章でもっぱら「快楽（Lust）」が扱われるのも、この筋道に沿っている。社会のあらゆる場面でエビデンスが要求されるということは、《誰もがあらゆる事柄についてかたちある記録を残し保管すべきである》ということ以上に、《誰もがそうしたエビデンスにアクセスすることができ、誰もが一義的にそれを理解し評価できる（理解すべき意味内容や評価基準に多義性や曖昧さがあってはならない）》という想定があるということである。そしてまさしく、解釈すべき多義的なところがないこと、単純で一義的な反応を生じさせるようなものが求められること、という点でエビデンスもまたポルノグラフィであるとされる。そしてまた、規律社会から能力社会への移行が生産性向上という経済的観点から連続的であるように、「暴露社会」と「管理社会」の章では透明性を高めなければならないという強制が「経済的な命法」であると明言されている。

物語的な生

「肯定社会」の章で「区別する暴力としての理論」が出てくる箇所では、同時に「物語としての理論」というアイディアも提示されているが、これも否定性を軸にして理解できる。あるいはむしろ、ハンの思想の根本志向としての否定性を理解するために、「境界」と並んで重要な概念がこの「物語」であるとも言えるだろう。「加速社会」の章で、この「物語（Narration）」は「加算（Addition）」と対比されているが（この対比はすでに『暴力のトポロジー』第二部第四章「透明性の暴力」で提示されている[5]）、これは同じ章のなかでつぎつぎと提示される「計算／思考」、「処理装置／行列」、「中断／完結」、「観光客／巡礼者」などの対比と連関している。これらの対比によってハンが示そうとしているのは、物語的な時間の喪失の問題であり、「同期不全（Dyschronie）」の問題である（二〇〇九年の著作『時間の香り——とどまる技法のための哲学的エッセイ』では「否定性」という言葉はまだ前面に出てきてはいないが、物語的な時間の喪失をめぐる問題はすでに扱われている。「加速社会」の章は、そこでの問題設定を「否定性」を軸として論じ直したものであると言える）。

物語的時間の問題は、とりわけ「巡礼者／観光客」の対概念の扱いから見て取りやすい。この対比は、ジグムント・バウマンのアイデンティティ論にもとづいている[6]。バウマンによれば、巡礼者とは〈アイデンティティをいかに形成するか〉という近代の課題への応答のメタファーであり、それに対して観光客とは、〈アイデンティティの固定化をいかに防ぐか〉というポストモダンの課題への応答のメタファーである。すなわち、バウマンのもともとの議論では、両者はアイデンティティの問題への応答という観点から連続したものとして提示されていた。それに対して、ハンは『時間の香り』のなかで、バウマンの議論を参照しつつ、両者をアイデンティティ問題への異なる応答としてではなく、質的に異なる時間経験として解釈する（すなわち両者の断絶を強調する）。巡礼者にとって「此の地」から「彼の地」までの道行きが豊かな意味を含んだ移行であるのに対して、観光客にはそうした移行の経験がない、とされるのである。[7]

「情報社会」の章は、プラトン『国家』の洞窟の比喩を逆手にとって、物語的な生のかたちを提示している。通常、この比喩は、私たち人間がじつのところただ世界の影しか認識していないということ、そこから苦痛を伴う向け変えを経て真の実在を認識しなければならないということを説くものとして理解される。このばあい、対比されるのは二つの認識のありかたであり、真の実在を認識することの方が明白によいものとされる。背後の火によって洞窟の壁面に投げかけられた影を現実そのものと思い込む囚人は、いまだ世界の影、見かけしか認識していないという点で消極的に描かれる。しかし、ハンはこの比喩を、二つの認識のありかたではなく二つの生のありかたを対比したものとして読む。それはすなわち、真理の認識を求める生と物語的に展開される生である。この観点からすれば、洞窟の囚人には、物語的な生をかたちづくっているという点でなんら咎めるべきところはない。プラトンの比喩の意義は、「真の実在を認識すべきだ」という主張そのものにではなく、《「真の実在を認識すべきだ」という主張を提示する過程で、それと対をなすものとして、物語的な生のかたちを明確に描き出した》という点に求められる。重要なのは、認識の生との対比で物語の生も把握されるということである。こんにち膨大な量で集積される情報は、認識的な生を不可能にすることで、同時に物語的な生をも不可能にする。透明社会としての情報社会が批判されるのはこの点による。

透明性のもたらす被害

イデオロギーと化した透明性は、自己搾取と物語的な時間喪失によって個人の生を損なう。しかし、その被害は一人ひとりの心理的な生にはとどまらない。透明性は他者との特別な関係を損ない、さらには「私たち」という共同行為主体の形成をも損なう。以下でこの点を、本書以降の著作も参照しつつ論じる。

透明性は他者との関係を損なう。「親密社会」の章では（主としてセネットの議論に依拠しながら）ナルシシズムの問題が扱われるが、本書と同時期に出版された『エロスの苦悶』ではこのモティーフが継承され、ナルシシズムと自己愛の対比として展開される。それによると、ナルシシズムの主体は自己と他者の境界線を保つことができない（他者との境界線の消失という点でナルシシズムもまた肯定性の現象形態である）。ナルシシズムの主体にとって、世界は自分自身のエゴを承認する鏡としての役割しか果たさない。それに対して、自己愛の主体は自己と他者のあいだに明確な境界線を引く。境界線を引く、ということは排除や差別を意味しない。むしろ、自己と他者の境界線があることによってはじめて私たちは他者を愛することができる、とハンは主張する（ナルシシズムの主体は他者を愛するのではなく消費することしかできない）[8]。

透明性はさらに「私たち（Wir）」という政治的・共同的意志分節化の主体の形成をも損なう。本書では最後の章「管理社会」でこの「私たち」という共同行為の主体が問題になる。これは一見すると唐突な印象も受ける（じっさい、ある書評はここに論旨の「一八〇度の転換（Kehrtwende）」を指摘し批判している）[9]。しかし、ナルシシズムの問題が論じられる「親密社会」の章でインターネット上の閉鎖空間が扱われているように、他者関係を損なうナルシシズムの問題と共同行為主体形成を損なう閉鎖的なインターネット空間の問題は連続している。

本書の翌年に出た著作『群れで——デジタルなもののさまざまな見方』ではこの論点が継承される。書名と同じ「群れで（Im Schwarm）」と題された章では、デジタルなネット住民がひとりディスプレイの前に座る孤立し個人化した集会なき群衆であって「私たち」を形成しえないと主張される。ここで「群れ（Schwarm）」は「大衆（Masse）」との対比で用いられ、大衆が凝集力をもつひとつのまとまりとして行動し声を上げる主体となりうるのに対し、群れはばらばらの個人の集まりにすぎず声を上げる主体になりえないとされる。さらに、これがインターネットの閉鎖性批判という論点にとどまらず、ネオリベラリズム批判へと展開される。ネオリベラリズムの主体もまた、共同で行為することのできる「私たち」を形成しない。社会がばらばらのアトムと化したエゴの集まりとなることで、共同行為のための空間は根本的に委縮し、それによって、資本主義的秩序をほんとうに疑問視することができるはずの対抗権力の形成が妨げられるというのである。[10]

本書が現代社会に問いかけるポイント

透明性は一見して望ましい。少なくとも正面から批判することは難しい。この概念には、人びとを迷信や神学的独断から解放し、暴力や抑圧による政治的支配を克服させる、という啓蒙主義の由来があるのであって、この規範的な含意を消し去ることはできない。[11]また、ハン自身も認めているように、汚職防止や人権擁護のためにも政治や経済の場面で透明性は依然として重要である。しかし、この概念はけっしてそれ自体で望ましいものではなく、中立的な概念でさえない。このことを示したのが本書の功績であると言えるだろう。

そしてまた本書からは、現代社会を問い直すためのいくつかの論点を引き出して展開することができるように思われる。本解説の最後に、二つのポイントを指摘したい。

監視研究の分野で活躍しているトリン・モナハンは、二〇二一年の論文で、新型コロナウイルス感染症拡大に伴って実施されるようになった感染者の行動追跡のための監視技術が、じっさいには感染拡大防止よりもむしろ道徳的非難という非本質的な目的に寄与し、さらには人種差別を促進してさえいることに警鐘を鳴らしている。ここでは、透明性の推進によってむしろ支配関係が不可視化されて永続する事態が指摘されている。社会的なアイデンティティは、〈自分自身のデータを進んで提供して透明性の高い無罪潔白な人物を演じられるかどうか〉という点に実質的な影響を与えているのであって、このことを無視して個人の情報公開を要求するのは人びとの行動をコントロールするシステムの浸透と安定化を推し進めることになってしまうのである。[12] ここでは、イデオロギーとしての透明性がもたらす混乱を指摘する文脈で、いくつかの監視研究と並んでハンの『透明社会』が参照されている。

また、東畑開人は、『居るのはつらいよ――ケアとセラピーについての覚書』のなかで、透明性を求める「会計の声」が、社会復帰や仕事につながるようなセラピーを優先し、「ただ、いる、だけ」のケアの空間を解体することを問題視している。[13] 人類学者マリリン・ストラザーンの「会計監査文化（audit culture）」のアイディアを参照しながら指摘されるのは、私たち自身が生産性や効率性やコストパフォーマンスを追求して「会計の声」を発しており、その結果、「大学も、病院も、中学校も、会社も、コミュニティセンターも、幼稚園も、ありとあらゆるところに会計の透明性が求められる」こと、「居場所にエビデンスと効率が求められ」、「透明な光が差し込む」ことである。東畑はこの「ただ、いる、だけ」に対して「それでいいのか？」と問いただす「会計の声」によってもたらされるニヒリズムの極北に、知的障碍者の施設で元職員が入所者を大量殺人した「津久井やまゆり園事件」があると考えている。[14]この指摘は本書の透明性批判と、とりわけ、透明性がもたらす被害のひとつは生の物語的時間の喪失にある、という主張と通じるものである。物語的時間というのも各人にとって固有の時間であり、その意味で、エビデンスによってその固有の時間の重要性を第三者に理解してもらうことも、コストパフォーマンスを計算して効率化することも不可能である。こうした観点からも、本書の透明性批判からは多くの洞察を引き出せるだろう。

あるインタビューのなかで、現代社会のありかたを前にして哲学がどのような役割を果たすか、と質問されて、ハンはつぎのように答えている。

哲学とは、私にとって、まったく別の生のかたちを投げかける試み、投げかけた別の生がどのようなものであるかを少なくとも思考のなかで確かめてみる試みです。アリストテレスはそのお手本を示してくれました。彼は〈観想的生〉を考案したのです。こんにちでは、哲学はこうした試みからずいぶん遠く離れてしまっています。哲学は同じものの地獄の一部になっているのです。[15]

本書もまた、とても短い論述のなかで、別のしかたの生を描こうとする試みであると言えるだろう。「それでいいのか?」「論証は?」「経験的データは?」という声はもちろん簡単には無視できない。しかし、現実そのものを突如として別の光のもとで立ち現れさせる（まさしくハンが強調する意味での）理論として、本書は多くの洞察をもたらしてくれる。

※謝辞　本解説に関して、白川晋太郎さん、遠藤進平さんにご助言をいただいた。たび重なる作業の遅れにより、最初にお声がけいただいた花伝社の山口侑紀さん、その後担当を引き継いでくださった佐藤恭介さん、家入祐輔さんには多大なご迷惑をおかけした。とくに山口さんには、訳文や解説が読みやすくなるよう的確にご指導いただいた。辛抱強くお待ちいただいたことに心より感謝申し上げます。

注

1　ブリストル啓蒙賞受賞時のインタビュー記事は以下のリンクから読むことができる。https://www.lexpress.fr/culture/livre/byung-chul-han-l-homme-numerique-a-aboli-l-autre_1743548.html「未来研究のためのザルツブルク州賞」については以下。https://service.salzburg.gv.at/lkorrj/Index?cmd=detail_ind&nachrid=57369「Power 100」の選出理由は以下から読むことができる。https://artreview.com/artist/byung-chul-han/?year=2020（以上のURLはすべて二〇二一年五月三日最終閲覧）

2　*Kapitalismus und Todestrieb*, Matthes & Seitz, 2019, 55-56.

3　*Müdigkeitsgesellschaft*, Matthes & Seitz , 2010, 19-25.

4　*Topologie der Gewalt*, Matthes & Seitz, 2011, 118ff., 128ff..

5　*Topologie der Gewalt*, Matthes & Seitz, 2011, 131.

6　「巡礼者から旅行者へ、あるいはアイデンティティ小史」柿沼敏江訳、『カルチュラル・アイデンティティの諸問題――誰がアイデンティティを必要とするのか？』スチュアート・ホール、ポール・ドゥ・ゲイ編、大村書店、二〇〇一年、三七―六七頁。

7　*Duft der Zeit. Ein philosophischer Essay zur Kunst des Verweilens*, Transcript, 2009, 35f., 42.

8　*Agonie des Eros*, Matthes & Seitz, 2012, 6-7. また、リーヴ・ストロームクヴィスト『21世紀の恋愛――いちばん赤い薔薇が咲く』よこのなな訳、花伝社、二〇二一年、一二頁以下でハンのこの著作が紹介されている。作者のリーヴ・ストロームクヴィスト（Liv Strömquist）はスウェーデンの漫画家・社会批評家であり、二〇二〇年三月に公開された『ディー・ツァイト』のインタビュー記事でもハンに言及して「インスピレーションを受けている」と述べている（“Wir begehren nicht mehr, sondern wollen begehrt werden”, *Die Zeit*, 10. März 2020, https://www.zeit.de/campus/2020-03/liv-stroemquist-schweden-comiczeichnerin-kapitalismus-liebe［二〇二一年五月五日最終アクセス]）。

9　Uwe Ebbinghaus, “Durchsicht ist nicht mit Einsicht zu verwechseln,” *Frankfurter Allgemeine*, 28. März 2012.

10　*Im Schwarm. Ansichten des Digitalen*, Matthes & Seitz, 2013, 18-25.

11　透明性概念の啓蒙主義的由来とその多義性および混乱については以下の文献を参照。Dieter Mersch, “Obfuscated Transparency.” In: Emmanuel Alloa and Dieter Thomä (eds.), *Transparency, Society and Subjectivity. Critical Perspectives*, Cham: Palgrave Macmillan, 2018, 259-282.

12　Torin Monahan, “Reckoning with COVID, Racial Violence, and the Perilous Pursuit of Transparency.” *Surveillance & Society* 19.1, 2021, 1-10. DOI: https://doi.org/10.24908/ss.v19i1.14698

13　Marilyn Strathern (ed.), *Audit cultures: anthropological studies in accountability, ethics and the academy*, London: Routledge, 2000. また、この編著と同じ年に出たストラザーンの論文「透明

性の専制」も興味深い（Marilyn Strathern, "The tyranny of transparency," *British Educational Research Journal*, 26, 2000, 309-321）。ハリジモス・ツカスの一九九七年の論文「光の専制――情報社会の魅惑と逆接」（Haridimos Tsoukas, "The tyranny of light: The temptations and the paradoxes of the information society." *Futures* 29.9, 1997, 827-843）に着想を得たこの論文で、ストラザーンは透明性の名のもとに要求される会計監査によってかえって隠蔽される実践の側面があることを指摘している。本書との関連で重要なのは、そうした主張のためにストラザーンが、パプアニューギニアでの出来事を「時間の幅を含み込んだ物語的構造（a narrative structure entailing time）」（310）として語るという間接的な論述のしかたをしているということである。本書でハンが提示しているものとは別のしかたで、透明性と物語性という対立軸が示されている。

14 東畑開人『居るのはつらいよ――ケアとセラピーについての覚書』医学書院、二〇一九年、三一三―三一六頁。

15 *Kapitalismus und Todestrieb*, Matthes & Seitz, 2019, 118.

原著者略歴
ビョンチョル・ハン（Byung-Chul Han）
1959年韓国生まれ。ドイツ在住。1994年にハイデガー研究で博士号を、2000年にバーゼル大学に提出した論文で大学教授資格を取得。バーゼル大学私講師、カールスルーエ造形大学教授を経て、2012年から2017年までベルリン芸術大学教授。著書にMüdigkeitsgesellschaft（Matthes & Seitz, 2010)、Topologie der Gewalt（Matthes & Seitz, 2011)、Psychopolitik: Neoliberalismus und die neuen Machttechniken（S. Fischer Verlag, 2014)、Palliativgesellschaft. Schmerz heute（Matthes & Seitz, 2020)、Undinge. Umbrüche der Lebenswelt（Ullstein, 2021）ほか。

訳者略歴
守　博紀（もり　ひろのり）
2019年、一橋大学大学院言語社会研究科博士後期課程修了。博士（学術）。高崎経済大学非常勤講師。共著に『アドルノ美学解読――崇高概念から現代音楽・アートまで』（藤野寛・西村誠編、花伝社、2019年、第四章担当)、単著に『その場に居合わせる思考――言語と道徳をめぐるアドルノ』（法政大学出版局、2020年）。訳書にマーヤ・ゲーペル『希望の未来への招待状――持続可能で公正な経済へ』（大月書店、2021年、共訳：三崎和志・大倉茂・府川純一郎）。

透明社会

2021年10月15日　初版第1刷発行

著者 ――ビョンチョル・ハン
訳者 ――守　博紀
発行者 ―平田　勝
発行 ――花伝社
発売 ――共栄書房
〒101-0065　東京都千代田区西神田2-5-11出版輸送ビル2F
電話　03-3263-3813
FAX　03-3239-8272
E-mail　info@kadensha.net
URL　http://www.kadensha.net
振替 ――00140-6-59661
装幀 ――北田雄一郎
印刷・製本―中央精版印刷株式会社

ISBN978-4-7634-0973-7 C0036

疲労社会

ビョンチョル・ハン　著
横山 陸　翻訳
税込定価：1,980円

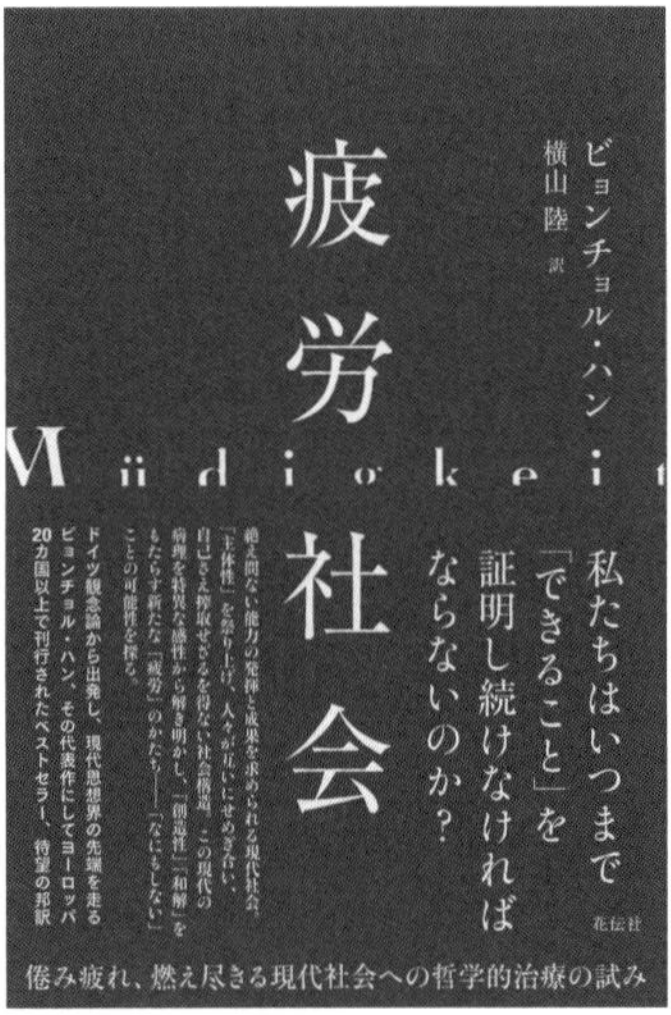

私たちはいつまで「できること」を証明し続けなければならないのか？

絶え間ない能力の発揮と成果を求められる現代社会。
「主体性」を祭り上げ、人々が互いにせめぎ合い、自己さえ搾取せざるを得ない社会構造。この現代の病理を特異な感性から解き明かし、「創造性」「和解」をもたらす新たな「疲労」のかたち——「なにもしない」ことの可能性を探る。

倦み疲れ、燃え尽きる現代社会への哲学的治療の試み

ドイツ観念論から出発し、現代思想界の先端を走るビョンチョル・ハン、その代表作にしてヨーロッパ20カ国以上で刊行されたベストセラー、待望の邦訳